성서에 나타난 텍스트

공포의 여성의 희생

공포의 텍스트
: 성서에 나타난 여성의 희생

2022년 1월 20일 초판 1쇄 발행

지은이 필리스 트리블
40주년 기념판 서문 게일 A. 이
편집자 서문 월터 브루그만
옮김·펴냄 김지호

도서출판 100
전 화 070-4078-6078
팩 스 050-4373-1873
소재지 경기도 고양시 덕양구 행신동
이메일 100@100book.co.kr
홈페이지 www.100book.co.kr
등록번호 제2016-000140호

ISBN 979-11-89092-27-6 03230

헬렌 프라이스HELEN PRICE와

메리 툴리MARY A. TULLY를

기억하며

차례

40주년 기념판 서문

처음에 내가 필리스 트리블의 작품에서 이루 말할 수 없이 감사해했던 부분은 그녀의 열정적인 페미니즘이 아니라 놀라운 수사비평 기술이었다. 내가 박사과정 초기였던 1970년대 후반, 성서 역사비평에서 성서 문학비평으로 패러다임 전환이 일어났고 나는 학부에서 영문학을 전공했기에 이를 환영했다. 나는 제임스 마일렌벅의 「양식비평과 그 너머」를 읽고 수사비평에 매료되었고, 히브리어 텍스트를 읽을 때마다 강박적이다시피 불변화사 *ki*, 평행, 연strophes, 수미상응, 교차대구를 찾았다.[1] 나는 1980년에 트리블의 『하나님과 성의 수사학』을 구매했는데,[2] 그때 나는 '여성 해방운동가'가 아니었지만, 트리블의 획기적인 창세기 1-3장 읽기는 확실히 내 속에 페미니즘의 씨앗을 뿌렸다. 나는 트리블이 평행구문에 선, 파선, 점선으로 밑줄 표시하며 히브리어 어순에 따라 텍스트를 시각적으로 배치한 방식에 경탄했다. 트리블의 시각적 배치와 디자인은 문자 그대로 텍스트의 껍데기를 깨서 열어 보여 주었다. 그것은 거의 E. E. 커밍스의 시를 읽는 것과 같았다. 나는 예언자들의 시와 지혜 문학에 관하여 연구하고 글을 쓸 때, 그녀가 히브리어의 구조와 복잡성에 세심하게 주의를 기울인 모습을 본보기 삼게 되었다.

나는 1984년에 『공포의 텍스트』를 구매한 수백 사람 중 하나였다. 1980년에 심긴 페미니즘의 씨앗은 이 책을 읽은 후 페미니즘 지지자로 완전히 꽃폈다. 나는 이 책을 통해 여성에 대한 성서 텍스트의 이면을 알게 되었다. 내가 수강한 여러 다양한 과목은 역사비평적 분석에 몰두했다. 이 이야기들은 분명 수업에서 검토되지 않았다. 이 서문을 쓰는 동안 인식론적으로 반성해 보니, 『공포의 텍스트』를 읽기 전에는 내가 하갈, 다말, 레위인의 첩, 입다의 딸에 관한 끔찍한 이야기를 제대로 인식하지 못했다는 것을 부끄럽지만 인정해야겠다. 나는 이 충격적인 깨달음 때문에, 내가 이 어마어마하게 중요한 책의 서문을 쓸 만한 적임자일까 생각했다. 그러다가 이 서문이 『공포의 텍스트』 40주년을 기념한다는 점과 40년이면 수많은 일이 일어날 수 있고 또 일어났던 것이 기억났다. 나처럼 무감각한 사람이 결국 페미니스트 간학문 학자로서 SBL에서 몇 안 되는 여성 회장 중 한 명으로 필리스 트리블과 합류하게 되었다. 그러므로 나에게 개인적으로나 직업적으로나 그렇게 엄청난 영향을 끼친 책에 내가 서문을 바친다는 것은 매우 기쁜 일이다.

트리블은 『공포의 텍스트』를 『하나님과 성의 수사학』과 쌍을 이루게 할 생각이었다. 그녀는 첫 번째 책의 기쁨이 없었다면, 두 번째 책의 슬픔을 견딜 수 없었을 것이라고 말한다(p. 23). 트리블은 이 네 가지 공포 이야기를 느닷없이 선택하지 않았다. 자신의 실존적 경험을 통해 선택했다. 자기를 언약에서 제외된 하갈의 딸이라고 표현한 어느 흑인 여성에 대한 경험을 통해, 뉴욕 거리에서 "내 이름은 다말"

이라 적힌 팻말을 들고 있던 학대당한 여성을 보며, 어느 여성이 쓰레기통에서 몸이 토막 난 채 발견되었다는 기사를 읽으며, 이름도 없는 여인들을 추모하는 예배에 참석하며 말이다. 트리블은 이런 끔찍한 일을 마주하면서, 텍스트에서만이 아니라 사회 속에서도 침묵하거나 부재중인 하나님, 아니면 호전적인 하나님과 씨름하게 되었다. 트리블은 이미 실존적으로나 텍스트를 통해서나 이러한 여행을 해왔기 때문에, 그리스도교의 신학적 확신들이 이런 이야기의 슬픔과 참혹함을 능가할 것이라는 주장을 전부 포기하도록 독자들을 촉구한다. 오히려 그리스도교의 역사 자체가 비극이 계속되고 있음을 집약적으로 보여 준다. 구약성서의 하나님은 신약의 하나님과 다르지 않다. 구약과 신약의 하나님은 하나이며 동일하다. 트리블은 이 네 여인의 고통에는 그 고통만의 오롯함이 있으며 십자가에서 그리스도께서 겪은 고통과 서로 비교하면 안 된다고 주장한다. 또한 부활에 호소하면서 해피 엔딩을 갖다 붙여도 안 된다.

트리블은 각 여성의 비극 이야기에 독자의 공감을 불러일으키면서 또한 시각적으로 강조하려고 각 장의 시작 부분에 묘비 그림을 배치한다. 묘비에는 여성의 이름과 사회적 위치가 간략하게 적혀 있을 뿐만 아니라 다른 맥락에 속한 성서 구절이 짧게 인용되어 있다. 트리블은 뒤흔들고 조명하고 주해하기 위해, 이사야서의 고난받는 종의 노래, 복음서의 수난 내러티브, 바울 서신의 성찬 떡 나눔에서 가져온 구절을 변증법적이고 미드라쉬적인 상호텍스트로 사용한다. 이 구절들은 공포로 들어가는 여정을 돕는 안내자가 된다.

이러한 안내 외에도 트리블은 이 이야기를 듣는 독자를 지탱해 줄 여행 준비물 내지 영양분을 제공한다. 그것은 페미니즘의 관점, 문학비평의 방법, 얍복^{야뽁}에서 씨름하던 야곱의 이야기다. 페미니즘은, 여성을 종속시키고 비하하고 학대한 지점뿐만 아니라 텍스트 자체가 가부장제를 거부하고 있는 방식까지 문서화한 성서 텍스트와 마주하고 있다. 페미니즘은 또한 이 여성들을 추모하며 그들을 대신하여 이 끔찍한 이야기를 다시 이야기하고자 한다. 그들의 이야기를 기억할 뿐만 아니라 이런 공포가 다시는 여성에게 일어나지 않기를 기도하며 말이다.

문학비평은 텍스트의 최종 형태에 초점을 맞추면서, 본문을 창조하는 수사적 장치(이를테면 문장 구조, 플롯, 특히 희생당한 여성을 기술하는 방식)에 의미가 내포되는 방식을 드러낸다. 각각의 이야기는 서로 별개로 그 고유의 처참한 사건을 전달하지만, 버려짐에서 강간, 신체 절단, 제물로 바쳐짐에 이르기까지 공포라는 주제가 다양하게 변형되면서 상호 교차하고 겹쳐진다. 트리블이 마지막으로 제공하는 여행 준비물은 그녀와 우리가 이 공포의 텍스트를 견뎌 낼 수 있도록 돕는 신학적 해석의 틀이다. 창세기 32장 22-32절에 따르면, 야곱은 가나안 땅을 떠났다가 몇 년 후에 돌아오면서, 얍복 강가에서 동틀녘까지 어떤 '사람'^{a "man"}과 씨름한다. 야곱이 항복하기를 거부하자, 그 사람은 야곱의 엉덩관절에서 관절골이 빠지게 한다. 야곱은 그 사람을 계속 붙잡고 자신을 축복하기 전에는 보내 주지 않겠다고 말한다. 그 사람은 야곱에게 이름을 물었고, 자기 이름에 속이는 자/사기꾼/찬탈자라는 의미가 담겨 있는 야곱은 대답한다. 그 사람은 야곱에서 이스라엘('하나님이 다스리신다')로 이름을 바꿔 준다. "네가 하나님과도 겨루어 이겼고, 사람들과도 겨루어 이겼기" 때문이다. 야곱은 여기서 그치지 않고 자신을 공격한 그 사람의 이름을 물었는데, 그 사람은 "내 이름은 무엇 때문에 물어보느냐?"라고 야곱에게 되묻는다. 그제야 비로소 그 사람은 야곱을 축복한다. 야곱은 결국 그의 축복을 받아 내지만, 또한 다리를 절뚝이며 걷는다.

트리블에게, 이러한 공포 텍스트를 읽는 행위는 악마들과 그리고 개입하지 않는 부재의 신과 씨름하는 일을 수반한다. 결국 이 전면전에서 우리만 해를 입게 된다. 이 만남에서 우리는 겨우 새로운 이름만 하나 받게 되는데, 그것이 요지일 수도 있다. 이 이야기는 페미니스트 성서학자가 직면하는 해석학적 딜레마에 관한 알레고리를 제공한다. 트리블은 성서와 페미니즘 중에 선택하라는 요구를 받을 때, 성서가 자신을 축복할 때까지 놓아 주지 않을 것이라고 설명한다. 그렇다고 축복이 올 것이라는 환상, 즉 자기 방식대로 올 것이라는 환상에 빠져 있는 것은 아니다. 그녀는 '폭력적 성서주의자'Bible-thumpers or Bible-bashers에게 성서를 내맡기지 않고 성서와 씨름할 것이다. 그녀는 야곱이 얍복에서 씨름한 고대의 이야기를 새롭게 전유하면서 이렇게 선언한다. "나에게 성서학과 신앙과 페미니즘은 한데 모인다. 나는 말씀과 씨름하면서, 빛을 향해 다리를 절뚝인다."[3]

나는 이 중대하고 영향력 있는 책이 출간된 후 40년 동안의 수용사를 위해, 페미니스트 성서학자들을 대상으로 이 책을 만나고 접한 그들 자신의 일화를 비공식적으로 조사했다. 이들의 증언은 이 책이 수년 동안 이 학자들에게 끼친 엄청난 영향력을 보여 준다. 나는 그들의 이야기 중 일부를 자세히 인용하려 하는데, 왜냐하면 『공포의 텍스트』가 얼마나 밀접하게 그들의 삶에 와닿았는지 나에게 전해 준 그들의 솔직함과 용기를 존중하고 깊이 존경하기 때문이다. 나는 40년이 흐르면서 그들의 이야기가 천 배나 늘어날 수 있다고 생각한다.

한 교수는 이 책이 출간되기 전 자신이 경험한 것을 전했다. 그녀는 1970년대 중반으로 돌아가 히브리어 2학년 수업을 들으며 사사기^{판관기}를 읽고 있다. 히브리어 2학년 수업 학생들은 히브리어를 읽는 속도가 매우 느려서, 본문의 모든 단어를 곱씹게 된다. 그녀는 레위인의 첩이 강간당하고 토막 난 사사기 19장을 예습하면서, 읽기에 너무도 고통스러운 이야기라는 것을 알게 되었다. 그 수업 담당자는 상냥한 남자 교수였고 동료 학생도 모두 남자였는데 좋은 사람들이었다. 하지만 그녀는 자기가 그 수업에 갈 수 없다는 것을 깨달았다. "그들이 저 이야기에 무감각했을 것이라는 뜻은 아니다. 다만 저 이야기에서 공포를 느끼지 못했을 것이라는 말이다. 그들은 아마 문장 구조와 구문 분석에 대해 질문했을 것이다." 그녀는 자기 동료들과 저 이야기를 읽을 수 있으리라 생각하지 않았다. 그녀는 필리스가 저 장을 쓰는 게 얼마나 감정적으로 힘들었는지 더 쓰기 전에 잠시 누워 쉬어야 했다고 말했던 것을 기억한다. "그녀의 책은, 말할 수 없는 공포를 거의 아무도 눈치채지 못한 채 혼자서만 끔찍하게 마주하고 있다는 저 느낌을 뚫고 나온 목소리였다."

몇몇 페미니스트 학자는 신학교 수업에서 『공포의 텍스트』를 읽는 행운이 있었다. 내가 가지고 있는 책처럼 그들의 책도 밑줄과 하이라이트 표시가 많고 페이지나 한 부분이 통째로 떨어지기도 했지만, 그들은 여전히 소중하게 간직하고 있다. 어느 학자는 이렇게 말했다. "트리블은 내가 신학생일 때 성서를 읽는 방식에 막대한 영향을 미쳤고, 나의 연구를 형성했다. 그녀의 논증은 항상 내게 설득력 있었는데, 내가 아직 히브리어를 읽지 못할 때 내가 이해할 수 있는 방식으로 본문 자체에서 자신의 주장을 입증하는 증거를 펼쳐 보였기 때문이다." 또 다른 학자는 자신이 신학생일 때 트리블의 작품이, 페미니스트 학자가 연구 과정에서 자신의 신앙 여정이 향상되리라는 희망으로 연구할 수 있고 또 그렇게 해 왔음을 보여 준 몇 안 되는 페미니스트 석의 중 하나였다고 응답했다. 그녀는 "페미니즘은 현 상황을 살펴서 심판을 고하고 회개를 촉구하는 예언자적 운동이다"라는 트리블의 언급이 당시에도 그녀에게 힘을 실어 주었고, "#MeToo" 운동에 비추어 볼 때 오늘날에는 더욱 적실하다고 생각한다. 그녀는 이제 학부에서 '성서 속 여성' 수업을 가르치는 교수가 되었는데, 젊은 여학생들에게 힘을 실어 주기 위해 트리블의 작품을 활용하고 있다. 바깥으로 밀려난 여성의 목소리를 읽고 듣는 것은 이 학생들이 성서, 고대 이스라엘, 하나님의 본성을 이해하는 데, 그리고 이것들이 그들 자신의 신앙 여정에 어떻게 영향을 미칠지를 이해하는 데 필수다. 그녀의 학생 대부분은 이런저런 형태로 트라우마를 경험했다. 그녀는 (대체로) 목소리를 잃은 이 공포의 텍스트 속 여성들에게 귀를 기울이는 것이 학생 자신의 치유 과정에 일조할 수 있으리라고 희망한다.

제일 마지막에 언급한 교수처럼, 내가 조사했던 학자 중 사실상 모두가 강의 계획서에 이 책을 넣는다. 다음은 미국 남부의 어느 대학 교수의 수업 설명이다.

나는 이 책을 내 112, 곧 성서와 해방 수업에 사용한다. 내 학부생들은 페미니스트적 읽기(또는 다른 어떤 학술적 읽기)가 처음이므로 여전히 이 책을 사용한다. 이 책은 '사전 경고'trigger warning를 고하지만, 나는 학기 초에 미리, 성서 전체도 그렇다고 학생들에게 말한다. 학생들은 이런 이야기들이 성서에 있다는 사실에 놀란다. 다수의 학생은 자신이 복음주의

그리스도인이라 생각하고, 또한 자신이 성서의 모든 이야기를 알고 있다고 생각한다. "우리 목사님은 이 구절에 대해 설교한 적이 없어요!"와 같은 반응이 돌아올 것이다. 학생들은 족장들patriarchs(또는 사라 같은 여족장들matriarchs)이 도덕적 모범이기를 바란다. 그래서 새로운 발견에 대한 저항—그리고 고뇌—의 시기가 있다. 그리고 학생들은 레위인이 자기 첩이 아직 살아 있을 때 그녀의 몸을 절단했다고 생각하고 싶어 하지 않는다. 학생 대부분은 자신들**에게** 읽어 준 성서, 자신들을 **위해** 해석해 준 성서를 가지고 있었다. 트리블은 40년이 되었는데도 좋은 고민거리를 불러일으킨다. 그리고 이제 더 이상 백인이 절대다수를 차지하지 않는 수업에서(만세!), 아프리카계 미국인 학생, 외국 학생, 난민(대부분 버마) 학생이 자신의 이야기 조각, 자신의 여행 조각을 찾을 수 있다. 이 교육 과정의 한 부분은 가족을 위한 쉼터에서 집 없는 아이들과 함께하는 실습수업이다. 그 쉼터는 하갈의 집으로 불리는데, 우리는 [하갈에 관한] 트리블의 글과 더불어 몇 가지를 읽는다(들로레스 윌리엄스Delores Williams 등). 트리블은 좋은 출발점이다.

또 다른 학자는 나에게 굉장히 개인적인 이야기를 써 주었다.

나는 작은 시골 마을에서 자랐다. 내가 다녔고 입교했던 교회는 학대에 관한 논의를 전반적으로 회피했고, 특히 여성 폭행과 아동 폭행에 대한 논의를 회피했다. 이러한 침묵은 성적 학대를 당한 나를 고립시켰고 내게 더 많은 두려움과 수치심을 유발했다. 이러한 역사와 더불어 교회 사역에 대한 소명으로, 나는 1980년대에 신학교에 들어갔다. 나는 성서 속 젠더 역학을 배우는 데 관심 있는 페미니스트 새싹이었다. 성서 교수는 남성들이었는데, 여성 안수를 성서적으로 정당화하려고 애썼다(나는 이 점에 감사한다). 그러나 『공포의 텍스트』가 나왔을 때 나는 열심히 읽어서 내가 받은 교육의 공백을 메워야 했다. 『공포의 텍스트』는 내 눈을 뜨게 했는데, 트리블이 분석한 몇몇 내러티브가 나에게 생소했기 때문이기도 하고 보통 수업에서 얼렁뚱땅 넘어갔던 부분이기 때문이기도 하다. 나는 내 이야기를 반영하는 여성들이 결국 성서에도 있다는 데 안도감을 느끼면서도, 많은 경우 성폭력과 고통에 하나님이 개입되었다는 데 화가 났던 것이 기억난다. 하나님은 왜 하갈을 학대 관계로 돌려보내셨으며, 다말의 이복형제가 그녀를 강간할 때와 입다의 어리석음으로 그의 딸이 자신을 희생하기로 했을 때는 왜 개입하지 않으셨을까? 사사기 19장에서 이름 없는 여인이 강간 폭행 당하고 몸이 절단되는 부분을 읽을 때는 겁에 질려 몸서리쳤다. 신앙 공동체를 위한 희망의 말씀은 어디에 있을까? 필리스 트리블은 희망이, 이 여성들의 이야기를 정직하게 기억하고 다시 들려줌으로써 그녀들에게 가해진 공포와 폭력을 폭로하는 데 있음을 깨닫도록 도와주었다. 이 성서 속 여성들이 겪은 공포는 내가 경험한 폭력을 비롯하여 오늘날의 여성 혐오 문화 속에서조차 같은 여성을 겨누는 폭력을 반영하고 있다. 나는 트리블의 책에서 불안함을 느꼈는데 책 내용이 고통스러웠기 때문이며, 또한 카타르시스를 느꼈는데 내가 견딘 고통을 담아낼 틀이 생겼기 때문이다.

　나는 신학교 학생들에게 『공포의 텍스트』를 과제로 내 주었다. 종교적으로 자라난 학생들인데도 그들에게 이 내러티브 중 상당 부분은 생소했다. 반응도 비슷했다―충격, 분노, 그리고 자기 삶에서 혹은 타인의 삶으로 경험한 것이 이 내러티브 속에서 메아리치며 다시 이야기된다는 인식. 나는 『공포의 텍스트』를 읽으면서 내 경험을 논할 공간, 용납과 해방을 위한 성서 해석의 역할을 꺼내 놓을 공간을 얻었다. 나는 교회가 종종 이런 공포의 텍스트를 무시하거나 긍정적으로 평가할 때마다, 이 책을 쓸 용기를 낸 필리스 트리블에게 계속 감사하고 있다. 트리블은 그들이 겪은 모든 공포로 그들의 역경을 기억하기 위한 길을 만들어서 이 고통에 직면하여 입을 열도록 용기를 준다—"다시는 안 돼."

마지막으로 성공회신학교(EDS)에서 18년간 함께 근무한 내가 존경하는 히브리 성서학 동료의 기억을 가져오려 한다. 앙겔라 바우어-레베스크Angela Bauer-Levesque 박사는 그녀의 생각을 공개적으로 표현할 수 있게 허락해 주었다. 트리블은 뉴욕 유니언 신학교에서, 예레미야를 다룬 앙겔라의 박사학위 논문을 지도했고, 수사비평을 다룬 훌륭한 책을 만들면서 앙겔라의 컴퓨터 능력에 도움을 받았다.[4]

당신도 기억하겠지만, 나는 EDS에서 20년 가까이 '『공포의 텍스트』 강의와 설교' 수업을 가르쳤다. 그 수업은 늘 정원이 꽉 찼다. 나는 강의를 시작할 때 학생들이 두 언약both testaments에서 자신만의 성서 구절을 고르게 했다. 그 선택을 보며 나는 계속 놀랐다. 개인적인 트라우마와 관련된 텍스트에서부터, 성서 시대의 개인과 집단이 겪었고 세계 전역의 현대 사회들과도 유사성이 있는 온갖 공포를 묘사하는 텍스트에 이르기까지, 그 범위가 다양했다. 금세 수업은 주석과 설교를 배우는 장소 그 이상이 되었다. 자기 이해 증진, 권력 분석, 비전스 훈련에서[5] 배운 것들의 통합 등등…. 나는 수업 개설 초창기에 우리 집에서 수강생들과 월간 밥나눔potluck 모임을 하며 대화를 나눴는데, 평상시 잠자리에 드는

시간보다 더 늦게까지 이야기를 나눌 때가 많았다. 예전 학생들은 아직
도, 가령 그 수업을 듣던 시기의 기억이 설교에 나타날 때 노트를 나에
게 보낸다. 내가 오래전 1990년대에 처음 이 책을 가르쳤던 학생들에
대해 이야기하자, 트리블은 책 속 네 가지 이야기 너머로 성서 텍스트
가 확장된다는 데 놀랐다. 트리블은 직접 이 네 가지 이야기에 관한 설
교 수업을 가르쳤었다. 그래서 우리는 노트를 비교했다. 그것은 상호교
차성이 새롭게 절실하다는 점에 대해 많은 것을 가르쳐 주었다.

* * *

오래전 나는 어느 점심 식사 자리에 참석했는데, 나와 몇 자리 떨
어진 곳에 필리스 트리블이 있었다. 하지만 나는 그녀와 실제로 이야
기 나누거나 교류하지 않았다. 나는 나 자신의 학문적 형성에 큰 영
향을 끼친 너무 유명한 히브리 성서학자 앞이라서 자의식이 좀 있었
던 것 같다. 그런데 남성 중심의 성공회 성직 체계에서 7명의 여성이
'이례적으로 사제 서품'을 받은 필라델피아 서품식 40주년을 기념하
며, 5월 성공회 신학교 동문의 날에 2014년 켈로그 강연이 열렸다.
3일간 다루어진 전체 주제는 "정의란 무엇인가?"였고, 켈로그 강연
주제는 "정의를 위한 스토리텔링"이었다. 그리고 필리스 트리블은
「여성 선조를 위한 정의: 하갈과 사라」Justice for Foremothers: Hagar and Sarah, 「야
곱을 위한 정의」Justice for Jacob라는 제목으로 강연했다. 그녀의 발표가
끝나고 책 사인회가 있었다. 나도 내 오래된 책 두 권, 『하나님과 성
의 수사학』과 『공포의 텍스트』를 꼭 붙들고 긴 줄에 서 있었다. 그녀
는 내가 내민 『공포의 텍스트』에 "학자이자 친구, 게일 이에게, 필리

스 트리블, 2004년 5월 9일"이라고 써 주었다. 필리스 트리블의 자매 학자이자 친구로서, 나는 기쁜 마음으로 이 『공포의 텍스트』 40주년 기념판을 추천한다. 앞으로도 수많은 여성 학생과 독자의 학업과 영적 삶에, 이 책이 뒤흔들고 도전하고 희망을 불어넣기를!

게일 A. 이 Gale A. Yee

미국 성공회신학교 낸시 W. 킹 성서학 명예교수

2019년 SBL 회장

편집자 서문

본 시리즈 중 필리스 트리블의 첫 번째 책인 『하나님과 성의 수사학』 (1978)에서, 그녀는 과한 해석으로 본문을 조작하지 않고 본문이 말하고자 하는 바에 귀 기울이는 신선한 방법을 제시했다. 지금 이 책이 나올 즈음에 트리블 교수는 수사비평을 가장 효과적으로 사용하는 사람으로, 그리고 아마 페미니스트적 성서 문학 주해에서 결정적인 목소리로 이미 자리 잡았다.

이 책의 연구들은 그녀가 예일 대학교 비처 강좌에서 다룬 내용이다. 비처 강좌는 교회에서의 설교 사역을 다루려고 기획되었다. 주해와 선포에 대한 트리블의 관점은 직접적인 언급이 아닌 실례를 통해서 암묵적으로 나타난다. 트리블은 공동체가 본문에 귀 기울이며 본문과 직접 대면할 수 있도록 해석자/주해자가 방해물이 되지 않는 길을 제안한다.

나는 이 주해에서 방법과 내용이 놀랄 만큼 일치한다는 점에 큰 충격을 받았다. 종래의 방법들이 본문의 사태와 이질적이며 본문에 무언가를 부과하고 강요하고 있다는 생각이 점점 공감을 얻고 있기에, 학계에서는 이러한 방법과 내용의 일치가 계속 논의되고 있다. 여기서 사용하는 방법이 본문에 무언가를 부과하는 부분도 있을 수는 있겠지만, 거의 없을 것이다. 트리블은 그녀와 나의 스승인 제임스 마일렌벅에게 배운 수사비평을 '최신식'으로 다루고 있다. 마일렌벅이 이 방법론을 주장하고 강조한 지 몇 해 지나지 않아 트리블이 기반을 다졌다는 것은 상상도 못 할 일이었다. 사실 이 시리즈가 시작되었을 때는 구약 성서학에 이런 관점의 연구가 거의 없었다. 트리블은 문학 이론에 완전히 정통한 사람이지만, 그녀가 이 방법을 사용하면서 어떤 이론적 부담에도 매이지 않고 자유롭게 자신의 설명을 제시했다는 사실은 참으로 놀랍다.

그렇다고 이 책이 방법을 연습한 책은 아니다. 이 책의 차별점은 논증의 내용이다. 참신한 물음을 가지고 이 방법을 사용하면 보다 전통적인 방법들이 놓쳤던 본문 안의 공포, 폭력, 파토스를 알게 된다. 이 책은 널리 사용되는 방법들이 '객관성'을 참칭하지만 실제로는 '지배 계급'의 이데올로기적 목적에 얼마나 많이 봉사해 왔는지를 분명하게 밝혀 준다. 이제 희생자들의 역사, 의식, 울부짖음이 표면에 나타난다. 각각의 이야기 속에서 희생자들도 가치와 존엄을 지닌 한 사람의 인간이었다는 사실을 보게 된다. 이제까지 이들은 어떤 드라마에 등장하는 부수적인 소품으로 여겨져 왔다. 드라마의 주제는 따로 있었고 이들은 그저 소품이었다. 그래서 트리블의 '면밀한 읽기'는 우리의 눈을 열어 준다. 당연하다는 듯 소품처럼 취급되었던 인물이 진정 관심을 사로잡는 인물이 된 것이다. 마땅히 주목받아야 할 인물이 된 것이다. 그리고 우리는, 왜 우리의 방법들이 그러한 인물들을 축소해서 이야기에서 빠지게 해 왔는지를 묻게 되었다.

페미니스트적 해석 작업은 의심할 여지 없이 굉장히 필요하다. 트리블의 페미니스트적 작업의 장점은 자신에게 유리한 주장만 한다거나 판을 다 짜놓은 채로 공정성을 가장하지 않는다는 것이다. 그리고 호전적이지도 자기 고집을 내세우지도 않는다. 그저 본문에 무엇이 있는지를 강렬하고 고통스럽게 드러낼 뿐이다. 그 고통과 부끄러움이 우리가 부인할 수 없는 목소리를 내도록 말이다. 허세나 완강함을 부리는 방법은 이러한 읽기에 적합하지 않다. 그 결과는 어떤 방법을 최종적으로 정립하거나 사회적 이념에 호소하는 것이 아니라 본문의 특성 자체를 강조하는 것이다. 우리의 종래의 방법들이 이 희생자들을 얼버무리고 넘어가게 만들어 왔던 것처럼, 이 방법은 희생자들이 중요하게 현전하고 있음을 알아차리게 만든다. 의심의 여지 없이, 이 방법은 기득권층 검열관들이 열심히 찾더라도 알아차리지 못하게 이야기를 풀어낸 서술자들의 교묘함을 발견하도록 도와준다. 이 주해의 특징은 본문이 실제로 말하고 있는 바를 볼 수 있게 해 준다는 점이다. 본문이 실제로 말하고 있는 바는 아픔과 공포가 진짜 현실이며 심각하다는 것, '실화'를 읽고 있다면 아픔과 공포를 덜어 내고 읽을 수 없다는 것이다.

트리블의 작업에서 주목해야 할 또 다른 특징이 있다. 그녀는 단어들이 어떤 일을 하며, 어떻게 들리고, 어디에 놓여야 하는지에 대한 확실한 감각을 가지고 분명하게 전달한다. 수사비평의 방법은 단어 하나하나가 의도적으로 그 자리에 있는 것이며, 그 어떤 것도 뜻하지 않게 있는 것이 아님을 상정하고 있다. 본문의 단어와 마찬가지로 트리블 자신의 말도 그런 식이다. 그러한 감수성과 세심함이 언어의 중요성을 인지해 온 비처 강좌의 설교 전통을 빛나게 한다. 그리고 제

임스 마일렌벅이라면 아마 이 작품의 성과가 '아주 적절하다'고 지지
했을 것이다.

월터 브루그만 Walter Brueggemann

컬럼비아 신학교 구약학 명예교수

약어표

ASV	American Standard Version
BR	*Biblical Research*
CBQ	*Catholic Biblical Quarterly*
Hermeneia	Hermeneia-A Critical and Historical Commentary on the Bible
HTR	*Harvard Theological Review*
ICC	International Critical Commentary
IDB	*Interpreter's Dictionary of the Bible*
IDBS	Supplementary Volume to *Interpreter's Dictionary of the Bible*
Int	*Interpretation*
Interpretation	Interpretation-A Bible Commentary for Teaching and Preaching
JB	Jerusalem Bible
JBL	*Journal of Biblical Literature*
JSOT	*Journal for the Study of the Old Testament*
JSOT Supp.	JSOT Supplement Series
KJV	King James Version
MT	Masoretic Text
NAB	New American Bible
NEB	New English Bible
NJV	New Jewish Version
OTL	Old Testament Library
RSV	Revised Standard Version
SBL	Society of Biblical Literature
VT	*Vetus Testamentum*
ZAW	*Zeitschrift fur die alttestamentliche Wissenschaft*

일러두기

• 고유명사 표기는 다음을 제외하고 개역개정을 따랐다.
 수르, 이집트, 카이사르, 파라오

• 공동번역의 고유명사 표기가 개역개정과 다른 경우,
 그리고 또 다른 번역어를 제시할 필요가 있어 보이는
 경우 첨자로 병기하였다(예: 사가랴즈가리야, 대상목적이).
 고유명사 표기가 다른 경우는 해당 단어가 처음 나올
 때만 병기하였다.

• 독자의 이해를 돕기 위해 옮긴이가 첨언한 부분은 다음
 과 같이 표시했다.
 옮긴이 주: ●
 내용 삽입: 〔 〕

서문

이 글은 원래 1982년 2월 예일 대학교 신학부에서 열린 리먼 비처 강좌의 원고였고, 제목은 「공포의 텍스트: 설교되지 않는 신앙 이야기」 Texts of Terror: Unpreached Stories of Faith였다. 여기에서 몇몇 글을 뽑은 것이 노바스코샤 핼리팩스에 있는 애틀랜틱 신학교의 1982년 매키넌 강좌, 메인주 뱅거에 있는 뱅거 신학교의 1983년 프랜시스 B. 데니오 강좌, 텍사스주 달라스에 위치한 퍼킨스 신학교의 1983년 잭슨 강좌가 되었다.

나는 이 책을 『하나님과 성의 수사학』 Philadelphia: Fortress Press, 1978의 자매편으로 구상했다. 두 책은 페미니스트 관점, 문학비평 방법론, 히브리 성서에서의 여성과 남성이라는 주제를 공유한다. 그러나 그 강조점과 정신은 서로 다르다. 첫째는 웃을 때와 춤출 때이고, 둘째는 울고 통곡할 때다. 코헬렛의 리듬(전 3:4) 순서를 뒤집은 것이 핵심을 드러낸다. 첫 번째 책의 기쁨이 없었다면, 나는 두 번째 책의 슬픔을 견딜 수 없었을 것이다. 고대의 공포 이야기들은 너무 놀랄 정도로 오늘날에 대해 말해 준다.

공포가 이 연구에서 가장 두드러진다면, 이론은 그렇지 않다. 독자와 이야기 사이에는 단지 짤막한 서설만 있을 뿐, 결론은 없다. 무엇을 전달하고 있는지 논하지 않았다. 본문에서는 학술적인 논쟁, 방법론적인 변호, 신학적인 쟁론을 거의 볼 수 없을 것이다. 그러한 짐은 미주에 담았다. 그 결과로 나타난 메시지는 명확하다. 이야기한다는 것 자체만으로도 충분하다는 것이다.

나는 곳곳에 다양한 성서 번역본을 사용했다. 개정표준역Revised Standard Version을 자주 사용했지만, 이를 수정한 경우가 더 많다. 이렇게 수정한 경우 약어 뒤에 별표시를 했다(RSV*). 다른 번역본을 사용한 경우에는 해당 역본의 약어를 표기했다. 약어 표기가 없는 경우는 내 사역私譯이다. 나는 적절한 영어보다 히브리어 어휘와 구문을 전달하고자, 타당한 경우라면 비성차별적nonsexist 언어를 사용하고자, 그렇게 했다.*

설명해야 할 표기 방식이 하나 더 있다. 이야기의 형식, 내용, 의미를 이해하는 데 중요한 반복 현상에 표시했다. 반복은 종종 문학 구성 단위들의 연관성은 물론 경계를 나타낸다. 반복은 기억에 도움이 되며, 또한 강조점이 어디에 있는지를 보여 준다. 나는 단어, 구, 절, 문장의 관계에서 반복이 나타나는 곳을 가리키고자 일련의 표시를 고안했다. 주어진 부분 안에 반복이 나타날 때, 첫 번째 반복군은 실선 밑줄로, 두 번째는 파선 밑줄로, 세 번째는 점선 밑줄로 표시했다. 이러한 표기 방식은 편의상 선택한 임의적인 것이지만, 분명한 목적을 가지고 일관성 있게 사용했다.

이 이야기를 푸는 순례 과정에서 많은 사람이 나를 격려해 주었고 전문적으로 조언해 주었다. 특히 지속적으로 관심을 보이며 꼼꼼하게 작업해 준 루산 드와이어Ruthann Dwyer와 새라 라이언Sarah Ryan에게 감사드린다. 그들은 원고 전체를 여러 번 읽고 잘못을 수정해 주었고, 개선안을 제시해 주었다. 토니 크레이븐Toni Craven과 메리 앤 톨버트Mary Ann Tolbert와 줄리 갈라스Julie Galas에게도 특히 감사드린다. 유니언 신학교 성서학과 비서인 갈라스 씨는 인내를 가지고, 기꺼이, 노련하게 다량의 원고를 타이핑해 주었다.

인간 존재의 고통에 대한 연민을 드러내 준 두 여성에게 이 책을 헌정한다. 헬렌 프라이스Helen Price는 노스캐롤라이나주 롤리에 위치한 메레디스 칼리지의 고전어 교수였고, 메리 A. 툴리Mary A. Tully는 뉴욕에 있는 유니언 신학교의 종교 교육 및 심리학 부교수였다. 나는 이들의 학교 보직을 언급하면서 카이사르가이사에게 돌리고 있다. 이들은 자신을 하나님께, 심지어 공포의 하나님께 돌려드렸다.

필리스 트리블

서설

슬픈 이야기를 나누기에 앞서

이야기는 삶의 방식이자 삶의 실체다. 이야기는 실존을 빚어내고 채운다. 태곳적 전설에서 종말론적 전망에 이르기까지, 젊은 날의 꿈에서 노련한 경험에 이르기까지, 떠들썩한 폭로에서 친밀한 속삭임에 이르기까지 이야기라는 말하기 방식은 널리 사용된다. 신화, 비유, 민담, 서사시, 로맨스, 소설, 역사, 고백록, 전기문―이러한 글쓰기는 물론 여타의 장르도 이야기의 생생함과 위력을 확실하게 보여 준다.

우리가 이야기 없이 살아갈 수 없듯이, 이야기도 우리가 없으면 생명을 잃는다. 텍스트만으로는 아무런 소리도 영향도 없다.[1] 말하고 듣는 중에 새로운 것이 이 땅에 드러난다. 말은 입에서 나온다. 말을 더듬는 이도 자신의 혀로 쉽고 분명하게 말한다. 듣는 이는 귀를 기울인다. 귀가 들리지 않는 이도 듣기를 멈추지 않는다. 이와 같이 말은 헛되이 되돌아오지 않고 뜻한 바를 이룬다.[2] 스토리텔링은 저자, 텍스트, 독자를 하나의 이해의 콜라주collage 속에 결합하는 삼위일체적인 행위다.[3] 비록 이 세 참여자는 서로 같지 않고 구별될 수 있지만, 상호 의존적이며 나뉠 수 없다. 진실로 "이야기 속에서, 이야기하는 가운데, 우리는 모두 한 핏줄이다."[4]

이 책에서 내가 할 일은 슬픈 이야기를 들으면서 전하는 것이다. 참으로 이 이야기들은 여성이 희생당하는 공포의 이야기다. 회당과 교회의 성스러운 문서에 속한 이 이야기들은 고대 이스라엘에서 고통당한 네 인물을 그려 낸다. 이용되고 학대받고 버려진 노예 하갈. 강간당하고 버림받은 공주 다말. 강간당하고 살해당하고 사지마저 토막 난 첩※, 이름도 없는 여성. 죽임당하여 제물로 드려진 처녀, 입다의 딸.

나는, 자기를 언약에서 제외된 하갈의 딸이라고 표현한 어느 흑인 여성의 이야기를 들으며, 뉴욕 거리에서 "내 이름은 다말"이라는 팻말을 들고 있던 학대당한 여성을 보며, 쓰레기통에서 어느 여성이 몸이 토막 난 채 발견되었다는 신문 기사를 읽으며, 이름도 없는 여인들을 추모하는 예배에 참석하며, 그리고 하나님의 침묵과 부재, 적대와 씨름하면서 이 특별한 이야기들을 이야기할 마음을 품게 되었다. 이런 경험을 비롯한 여러 가지 일이, 어떤 여행자도 상처 없이 돌아온 적 없는 공포의 땅으로 나를 이끌어 왔다. 이 여행은 고독하고 치열하다. 독자들은 이 모험에 합류하면서 위험을 감수하고 있다.

올무와 길잡이

그렇다고 독자들이 느닷없이 모험을 감행하는 것은 아니다. 작가는 이미 여행을 다녀와서 지형을 알고 있다. 몇몇 신학적 입장은 시작부터 올무가 된다. 이러한 올무는 그리스도교 우월주의의 중심을 차지하고 있다. 첫째, 이 이야기들을 아득히 먼 원시 사회의 하등한 과거

유물로 설명하는 것은 타당하지 않다. 역사의 증거가 울려 퍼지면서, 그리스도교 시대가 우월하다는 모든 주장을 반박하고 있다.[5] 둘째, 구약의 진노의 하나님과 신약의 사랑의 하나님을 대조하는 것은 잘못이다. 이스라엘의 하나님은 예수의 하나님이며, 신구약 모두 신적 진노와 신적 사랑 사이의 긴장을 담고 있다. 셋째, 네 여성의 고통을 십자가의 고통에 종속시키는 것은 허위다. 그들의 수난은 그 고유의 오롯함이 있다. 어떤 비교도 그들이 경험한 공포의 무게를 경감시키지 않는다. 넷째, 부활에서 이들 이야기의 구원을 찾는 것은 엇나간 판단이다. 슬픈 이야기에는 행복한 결말이 없다.

이야기를 말하고 듣도록 안내하는 길잡이들은 이러한 올무를 제거한다. 성서를 거울로 인식하는 것은 그러한 안내 표지 중 하나다. 예술이 삶을 모방하고 있다면, 마찬가지로 성서는 거룩함과 참혹함을 모두 반영하고 있다. 반영한다는 사실 그 자체는 변화를 촉구하지도 변화를 만들어 내지도 않는다. 하지만 통찰하게 함으로써 회개할 마음을 불어넣을는지도 모른다. 다시 말해, 슬픈 이야기는 새로운 시작을 가져올 수도 있다.

성서를 해석하는 일에 성서를 사용하는 것은 여행을 위한 두 번째 길잡이다.[6] 개별 이야기를 곰곰이 생각하다 보면 다른 본문과의 연관성이 떠오른다. 다른 본문들에 대한 연구가 개별 이야기를 조명해 준다. 이런 식의 변증법은 내가 슬픈 이야기를 풀어내는 방식을 형성한다. 나는 이 글 도처에서 성서를 인유(引喩, allusion)하여 사용하고 있는데, 그중 세 가지 모티브가 기조를 이룬다. 그 세 가지는 제2 이사야의 고난받는 종의 노래, 복음서의 수난 내러티브, 바울 서신의 성만찬 부분이다. 이 구절들은 익숙하지만, 익숙하지 않은 방식으로 적용하고 있다.[7] 남성이 아닌 여성이 고난받는 종들이며, 그리스도의 모습들이다. 이들의 이야기가 기조모티브leitmotifs를 사용하는 방식을 지배한다. 이렇게 성서로 해석한 성서는 승리주의를 약화하고 신앙에 대해 당황스러운 물음을 던진다.

여행을 위한 준비물

이 텍스트들을 말하고 듣기 위한 길잡이 외에도 여행을 지속하기 위한 약간의 준비물이 필요하다. 준비할 것은 몇 안 되지만 충분하다. 바로 관점, 방법론, 이야기다. 얍복 나루에서 야곱이 씨름하던 것이 이야기라면, 문학비평은 방법론이고, 페미니즘은 관점이다.

여성 혐오에 비추어 문화와 신앙을 검토하는 하나의 비평으로서 페미니즘은 현 상황을 살펴서 심판을 고하고 회개를 촉구하는 예언자적 운동이다. 이러한 해석학은 다양한 방식으로 경전에 관여한다.[8] 첫 번째 접근 방식은 여성에게 불리한 사례의 전거를 드러낸다. 이 방식은 고대 이스라엘과 초대 교회에서 여성을 열등하고 종속된 존재로 여기며 학대했음을 보여 주는, 오랫동안 도외시되었던 자료들을 가져와서 평가한다. 이와 대조적으로 두 번째 접근 방식은 가부장제에 대한 성서 내부의 비판을 식별해 낸다. 이 방식은 성서의 성차별에 도전하는 남은 자 신학을 형성하기 위해, 잊힌 텍스트를 꺼내어 보존하고 친숙한 텍스트를 재해석한다.[9] 세 번째 접근 방식은 두 접근 방식을 통합한다. 이 방식은 학대당한 여성들과 마음을 같이하며 읽기 위해 **추모하는** 마음으로 공포의 이야기들을 자세하게 들려준다. 첫 번째 관점이 역사적으로, 사회학적으로 여성 혐오의 전거를 드러내는 것이라면, 이 세 번째 관점은 그 자료를 시적으로, 신학적으로 전유하는 것이다. 동시에, 발견할 수 있을 것 같지 않은 곳에서 계속해서 남은 자를 찾는다. 이러한 접근 방식이 이 책의 성격을 이룬다. 이는 도외시된 역사를 되찾기 위해, 현재를 통해 구현되고 있는 과거를 기억하기 위해, 이런 공포스러운 일들이 또다시 일어나지 않기를 기도하기 위해, 희생당한 여성들을 대신하여 그 잔혹했던 이야기를 해석하는 것이다. 페미니스트 해석학은 슬픈 이야기를 하면서 이 시대를 구속하려 하는 것이다.

이러한 관점에 합류하는 방법론이 문학비평이다.[10] 문학비평은 텍스트를 그 최종 형태 속에서 "내재적으로 읽는 것"과 관련되며, 여기서 그렇게 사용하였다.[11] '내재적 읽기'라는 말은 전적으로 텍스트 내부에서만 읽는다는 의미가 아니라 전적으로 텍스트와 관련해서만 읽는다는 의미다.[12] 이해를 도출하기 위해서 관습에 비추어 문헌을 분석하기도 한다. 이러한 학문적 절차들, 도구들, 통제 수단들은 비평가마다 다르고, 시대에 따라 다르다.[13] 이 연구에서 역점을 두는 것은 형식, 내용, 의미의 불가분리성이다. 또한 전반적인 디자인과 플롯 구조뿐만 아니라 문장들, 사건들, 장면들이 수사학적으로 형성된 방식,[14] 그리고 인물 묘사, 특히 유린당한 여성에 대한 묘사에 역점을 두고 있다.

각 장은 고유성을 지니면서도, 공포라는 주제에 대한 변주곡으로서 나머지 세 장에 속한다. 따라서 독립성과 상호의존성이 이 장들의 순서를 정한다. 물론 특정한 방식으로 배치해야 하는 것은 아니다. 하지만 드라마적 효과를 고려하여 배열했다. 버려짐에서부터 강간, 신체 절단, 희생 제물에 이르기까지, 문학적 판단이 역사적 주장을 대신한다.

문학비평이 방법론이고 페미니즘이 관점이라면, 얍복 나루에서 야곱이 씨름한 일은 우리의 여행을 위한 이야기다(창 32:22-32).[15] 야곱은 수년간 친척 집에 기류한 후 집으로 돌아오는 길에 설명할 방법이 없는 상대와 홀로 싸우며 밤을 지샜다.[16] 이야기는 이 '사람'man(אישׁ)이 신적인 존재이나 정확한 정체가 불분명함을 내비치고 있다.[17] 얍복강가의 어두움이 이 사건의 당혹스러움과 공포를 드러내면서도 의미는 감추고 있다.

싸움은 거의 대등했다. 야곱이 우세해지자, 그 사람은 야곱의 허벅지에서 움푹 들어간 부분의 관절이 빠지게 한다. 야곱이 자신을 축복하지 않으면 갈 수 없다고 붙들면서 그들의 물리적 싸움은 말싸움으로 이어진다. 밤의 방문객은 속이는 자, 사기꾼, 찬탈자를 뜻하는 야곱의 이름을 고백하게 함으로써 야곱의 요구를 전환한다.[18] 그는 이 족장의 정체성을 전향하기 위해 그 이름을 이스라엘('하나님이 다스리신다')로 바꾼다. 그러나 다시 야곱은 이 공격자를 속이려 한다. 야곱은 "청컨대 당신의 이름을 말해 주시오" 하고 묻는다. 야곱의 끊임없는 권력욕이 이 요구로 드러났다가 "내 이름은 무엇 때문에 물어보느냐?"라는 전지적 물음으로 좌절된다. 그제야 비로소 이 강력한 상대가 분투하는 야곱을 축복해 주었다. 자신이 원하는 것을 야곱은 자기식대로 얻지 못했다. 그날 밤의 성과는 절뚝거리는 승리와 찬란한 패배를 모두 인정하게 된 것이다.[19] 야곱은 생명을 잃지 않았지만, 다리를 절며 얍복을 떠나게 된다.

이 이야기는 공포와의 대면에 관한 하나의 전형으로, 현재의 여정을 지탱해 줄 자양분을 제공한다. 공포의 이야기를 말하고 듣는 일은 우리를 구원해 줄 긍휼의 하나님 없이 밤에 악마들과 씨름하는 일이다. 우리는 전투 중에 악마들의 이름을 궁금해한다. 하지만 우리 자신의 이름을 너무 무섭도록 인식하게 된다. 싸움 자체는 고독하고 치열하다. 우리는 힘겹게 몸부림치지만, 상처만 남을 뿐이다. 그러나 우리는 아직도 견디고 있다. 축복을—상처의 치유와 건강의 회복을—구하면서 말이다. 만일 축복이 오더라도—우리는 감히 확신할 수 없다—우리 생각대로 오지는 않는다. 사실 우리의 현실은 공포의 땅을 떠나며 다리를 절뚝이는 것이다.

이제 삼위일체적 스토리텔링 행위는 올무를 피하고 길잡이를 따르고 사용할 준비물을 가지고 네 개의 공포의 텍스트에 참여한다.

하갈

이집트 여자 노예

그녀가 찔림은
우리의 허물 때문이요,
그녀가 상함은
우리의 죄악 때문이라.

1장

하갈

비참한 쫓겨남

창세기 16:1-16, 21:9-21

성서에서 아브라함은 대체로 신앙의 상징으로 나타나긴 하지만, 그의 이야기에는 사라와 하갈이라는 두 여인이 중심에 있다. 두 여인은 그의 신앙을 형성하고 시험한다. 두 여인의 이야기는 사라가 더 좋은 몫을 얻는 쪽으로 펼쳐진다. 부유한 목축업자(창 13:2)의 아내인 사라는 가부장제 구조라는 테두리 안에서 특권과 권력이 있다.[1] 아브라함은 자기 안전을 위해 사라에게 누이 행세를 하게 함으로써 두 번이나 사라를 배신하지만(12:10-20: 20:1-19),[2] 하나님은 그때마다 어김없이 사라를 구출하신다. 이 여인은 아무런 노력 없이도 자기 남편과 더불어 하나님의 호의를 누린다. 하지만 아브람의 이야기에서 사래를 치켜세우면 중요한 긴장이 발생한다. 왜냐하면 "사래는 임신을 하지 못하여 자식이 없다"(11:30, RSV*).[3] 게다가 "사라는 월경manner of women마저 그친 상태다"(18:11, RSV*; cf. 17:17). 그녀의 처지는 아브람에게 상속자를 주겠다던 하나님의 약속을 수포로 돌아가게 하는 것 같았다.[4] 그래서 사래는 자기 시녀 하갈을 통해 아이를 얻어 낼 심산이었고,

하갈은 아브람의 삶에 아내 외의 여자가 되었다.

이집트 노예 하갈은 성서에서 이용당하고 학대당하고서 버려지는 것을 경험한 첫 여성으로 우리의 주의를 끈다. 하갈에 대한 정보는 조각조각 부분적으로 남아 있는데, 그것마저 압제자의 관점에서 쓴 것이다. 그래서 남아 있는 이야기 파편을 가지고 하갈의 이야기를 전하는 우리의 과제는 불확실하다.

이 이야기 파편들은 아브라함 사가에서[5] 서로 떨어져 있는 장면에 나온다. 첫 번째 장면(16:1-16)은 두 번째 장면(21:9-21)보다 몇 장 앞에 있다. 두 번째 장면은 하나님이 사라 본인에게 주신 아이가 태어난 장면 바로 다음에 나온다.[6] 이 장면들은 유사한 구조와 주제로 되어 있다. 두 장면 모두 내러티브의 도입과 결말이 삽화 두 개씩을 에워싸는 구조다. 여는 삽화들은 가나안을 배경으로 하고, 사라가 하갈과 아브라함을 다룸으로써 사라가 강조된다. 닫는 삽화들은 광야를 배경으로 하고, 하나님과 마주하는 하갈을 주연으로 한다. 두 장면은 이렇게 구조와 내용의 평행을 이룸으로써 서로 간 연속성을 제시할 뿐만 아니라 차이를 강조한다. 하갈의 입장에서 첫 번째 이야기의 플롯은 순환적이다. 종노릇에서 탈출로, 탈출에서 다시 종노릇으로 이어진다. 반면 두 번째 이야기는 직선적이다. 종노릇에서 추방으로 그리고 집 없는 처지로 진행된다.[7]

종노릇의 순환

장면1: 창세기 16:1-16

A. 도입부, 16:1 장면1을 여는 문장은 사래를 강조한다. 통상적인 히브

리어 어순을 뒤집어서 주어인 그녀의 이름을 동사 앞에 배치한다. "사래 곧 아브람의 아내는 그에게 아이를 낳아 주지 못하였는데"(16:1). 이 진술은 문장 전반부에서 문제를 제시하고 후반부에서 한 가지 답으로 이어진다. "그러나 그녀에게는 하갈이라고 하는 이집트인 시녀가 [있었다]."[8] 도입부 내레이션은 사래로 시작해서 하갈로 끝나면서 아브람이라는 남자를 둘러싼 두 여인을 대치시킨다. 히브리인 사래는 부유한 기혼 자유인이다. 하지만 늙었고 임신하지 못한다. 이집트인 하갈은 가난한 미혼 여종이다.[9] 하지만 젊고 출산할 수 있다. 권력은 행위 주체^{주어}인 사래에게 있다. 하갈은 객체^{목적어}로 힘이 없다.

B. 삽화1, 16:2-6 이야기는 도입부에서 첫 번째 삽화로 옮겨 간다. 삽화의 시작점에서 사래는 명령법으로 말한다.[10] 대화체로 된 말의 순서와 동사 구성은 이 여인을 명령하는 인물로 나타내는 내용과 잘 맞는다. 그녀는 내레이터가 보고한 문제와 해결책을 확정하면서, 미묘한 변화를 만들어 낸다.

> 사래가 아브람에게 말하였다.
>> "야웨께서 내가
>>> 아이를 못 갖게 하시니까,
>> 내 시녀에게 들어가라.
>> 혹 내가 그녀로 말미암아 서게 될까 하노라." (16:2a)

내레이터와는 달리, 사래는 아브람에게 아이를 낳아 주는 것(cf. 16:1, 15)이 아니라 하갈을 통해 자기가 세워지는 것에 대해 말한다. 남성

의 세계에서 여성의 목소리는 강조점이 다르게 들린다.[11] 게다가 내
레이터와 달리, 사래는 자신이 아이를 못 갖는 처지를 야웨 탓으로
돌리며, 인간의 계획으로 신적 행동에 맞서려 한다. 하나님이 못 갖
게 하신 것을 사래는 시녀를 통해 성취할 수 있다. 사래는 시녀의 이
름도 언급하지 않았고 의견도 묻지 않았다.[12] 사래에게 하갈은 도구
였지 사람이 아니었다. 이 시녀는 여주인을 높이는 존재다.

사래의 말은 복종을 낳는다. 아브람은 이 계획을 중단시키려 하지
않았고, 그 대신 소극적으로 응했다. 너무 소극적이어서 내레이터가
아브람을 대신하여 대답을 들려주어야 했다. "아브람은 사래의 소리
를 들었다[순종했다]"(16:2b). 내레이터의 담화는 **그의** 묵인을 계속 강
조하면서 **그녀의** 행동을 보고한다.*

> 사래 곧 아브람의 아내wife of Abram가 자기 시녀 이집트 사람 하갈을 데려다가,
>
>> 아브람이 가나안 땅에서 거주한 지 십 년이 지난 즈음에,
>
> 그녀를 아브람 곧 자기 남편에게 아내로 주었다. (16:3)

또다시 문장 구조에서 두 여성이 아브람을 에워싼다(cf. 16:1). 두 여성
은 서로 동등하지 않게 짝을 이룬다. 동사 '**데려다**'와 '**주다**'의 주어 사
래는 목적어 하갈에게 권력을 행사한다. 사래의 행동을 통해 두 여인
이 관련을 맺지만, 대화가 없으므로 서로 간의 거리가 유지된다. 아내,
시녀, 남편, 그리고 아내라는 관계를 나타내는 언어들을 반복하여 사
용함으로써 점점 커지는 대립을 강조한다. 사래는 하갈을 아브람의

---

* 여기와 이후에 사용되는 밑줄에 대해서는 서문(p. 24)을 보라.

첩이 아니라[13] 아내로 삼음으로써 이 여종과의 관계에서 자신의 지위를 약화하고 있다. 그러나 사래는 여전히 아브람을 완전히 장악하고 있다. 앞서 몇 단어로 표현된 내레이션 문장에서 아브람이 사래의 소리에 순종했듯이, 이제 아브람은 "내 시녀에게(ʾel) 들어가라(bōʾ)"(16:2)는 사래의 명령을 이행한다. "그는 하갈에게(ʾel) 들어갔다(bōʾ)"(16:4, RSV).[14] 두 여인 사이의 드라마에서 아브람은 강력한 족장가부장이 아니라, 오히려 침묵하며 따르는 대수롭지 않은 인물이다.

사래는 말하고, 아브람은 동의한다. 사래는 행동하고, 아브람은 순종한다. 그런 다음 플롯은 하갈에게로, 사래가 자신을 세우는 데 사용하고자 했던 이에게로 이동한다. 내레이터는 시녀를 목적어가 아닌 주어로 하여 "그녀가 임신하였다"(16:4b)라고 보고한다. 이러한 결과는 사래가 바란 것이지만, 사래가 예상치 못한 일도 벌어졌다. 하갈이 무언가를 간파하게 된 것이다. "그녀[하갈]가 자신이 임신한 것을 알았을 때, 그녀의 눈에 자기 여주인이 작아졌다"(16:4c). 이제 하갈은 도구가 아니다. 사래는 이러한 변수를 계산하지 못했다.

"그녀의 눈에 자기 여주인이 작아졌다(또는 하찮아졌다)"라는 히브리어 표현은 다양한 해석을 불러온다. 수많은 번역자가 구문을 바꿔서 하갈을 동사의 주어로 만든다. 그들은 또한 저 동사(qll)로 인해 경멸이나 멸시가 (필연적이지는 않지만) 타당한 의미라고 본다. 따라서 "그녀는 자신이 아이를 갖게 된 것을 알았을 때, 자기 여주인을 경멸했다"(NEB)로 읽기도 한다. 혹은 "그녀는 자신이 임신한 것을 알았을 때 자기 여주인을 멸시의 눈으로 보았다"(RSV)로 읽는다.[15] 그러나 동사와 주어를 정확하게 맞춰서 읽으면 다음 번역에 나타난 것처럼 덜 거세게 들린다. "그녀가 보기에 자기 여주인은 낮아졌다"(NJV).

불임 아내와 출산할 수 있는 아내 간의 갈등이 성서에서 전형적인 모티프이긴 하지만,[16] 이 연구는 전형적인 것보다 특수한 것을 살핀다. 하갈은 자신이 아이 뱄음을 알자, 즉 감지하자, 사래를 보는 새로운 눈이 열린다. 위계가 만들어 놓은 눈가리개가 사라졌다. 고귀한 여주인은 작아지고, 하찮은 시녀는 커진다. 증오가 아니라 관계 재조정이 핵심이다. 사래는 자신도 모르게 하갈이 새로운 눈을 갖는 데 일조했다. 사래는 아브람에게 하갈을 아내로 줌으로써 자신이 세워지기를 바랐다. 그러나 실상은 그녀가 종의 지위를 높여 주었고 하갈이 높아짐에 따라 사래가 낮아 보이기 시작했다.

이 예상치 못한 전환은 두 여성 간의 상호적 관계와 평등의 기회를 제공하지만, 기회가 현실이 되지는 못한다. 하갈이 새로운 시각을 경험했다면, 사래는 옛 구조에 머물고 있다.[17] 사래는 자기 계획이 낳은 결과로 아브람을 탓하고 야웨께 심판을 요청하면서 여전히 원망조로 아브람에게 말한다. 사래는 내레이터가 하갈의 반응을 묘사할 때와 같은 어휘를 사용하지만, 사래의 입에 담긴 말에는 비난의 의미가 있다.[18]

사래가 아브람에게 말하였다.

"내가 받는 이 부당한 대우는 당신 탓이다!
나는(*ānōkī*) 내 몸종을 당신 품에 안겨 주었다.
그런데 그녀가 자신이 임신했음을 알자
나는 그녀의 눈에서 작아졌다.

야웨께서 나와 당신 사이를 판단해 주시길 바란다!" (16:5, RSV*)

여주인은 하갈을 이용하면서 의도치 않게 양도하게 된 우월한 지위를 되찾길 원한다. 더 나아가 그녀는 자기 남편도 하갈에 대한 권한이 있으니 그에게 잘못을 바로잡으라고 요구한다. 그러나 아브람은 이 장면에서 처음으로 입을 열면서 권력을 행사하지 않는 길을 택한다. 아브람은 계속 소극적이다.[19]

> 그러나 아브람이 사래에게 말하였다.
> "당신의 시녀는 당신의 손 안에 있으니
> 당신의 눈에 좋을 대로 그녀에게 하오." (16:6a)

"당신의 눈에 좋을 대로"라는 표현은 하갈의 눈에 관한 언급, "그녀의 눈에 자기 여주인이 작아졌다"와 언어유희 작용을 한다. 여주인의 눈에 좋은 것은 시녀가 보게 된 것을 저지하는 길이다. 한쪽 눈에 좋은 것이 다른 한쪽에게는 고통이다.

사래가 아브람에게 한 첫 발화 내용이 하갈을 이용-use하라는 명령이었다면(16:2), 사래의 말과 아브람의 대답은 이제 이 시녀에 대한 학대-abuse로 이어진다. 내레이터는 간단명료하게 "그리고 사래는 그녀를 괴롭혔다"라고 단언한다(16:6b). 또 한 번 두 여인은 주어-주체와 목적어-객체로, 정복자와 희생자로 불평등하게 만난다. 그리고 이번에 또다시 하갈은 이름을 잃었다(cf. 16:3). 더군다나 대화의 부재는 계속해서 두 여인을 분리한다. 불평등, 대립, 거리는 폭력을 낳는다. "사래는 그녀를 괴롭혔다." 동사 '괴롭히다'('nh)는 어감이 강한 단어로, 가혹한 처사를 함의한다. 예를 들어, 이 단어는 히브리인이 종살이하던 땅인 이집트에서 다 같이 겪는 고통을 묘사할 때 사용된다.[20] 아이러니하게도 여기서는 이집트 여인이 히브리인들에게 종살이하고 있는 가나안 땅에서 홀로 겪는 괴로움을 묘사하고 있다. 사래는 그녀를 괴롭혔다.

하갈은 자기 여주인을 위해 아이를 임신하면서 권력 구조에 도전을 가하는 새로운 현실을 보게 되었다. 하갈이 본 새로운 현실은 체제 약화로 이어지지 않고, 오히려 강화로 이어졌다. 아브람의 동의와 함께 사래의 손아귀에서 하갈은 고난받는 종이 된다. 파라오ᵇᵃʳᵒ 치하에서 이스라엘이 겪는 역경의 전조가 된 것이다. 하지만 어떤 신도 하갈을 종살이와 압제에서 구하러 오지 않고, 하갈 또한 신에게 간청하지 않는다. 이 괴롭힘당하는 여인은 그 대신 스스로 탈출해 내려 한다. "사래는 그녀를 괴롭혔다. 그래서 그녀는 그녀에게서 도망쳤다(brḥ)"—이스라엘도 나중에 바로에게서 도망쳤다(brḥ)(출 14:5ₐ). 삽화 1은 이렇게 하갈이 사래의 위협에 놓인 자기 삶의 지배권을 가져오는 것으로 끝난다.

C. 삽화2, 16:7-14 삽화2의 시작은 이러한 삽화1의 결말과 언어유희를 이룬다〔영어 인용문 참조— 각운으로 언어유희가 두드러진다〕.

> 그리고 사래는 그녀를 괴롭혔다.
> 그래서 그녀는 그녀에게서 도망쳤다.
> 그러나 주님의 천사가 그녀를 발견했다. (16:6b-7a)

> And Sarai afflicted her.
> So she fled from her.
> But the messenger of the Lord found her.

첫 번째와 세 번[¹] 문장에서 하갈은 서로 다른 주어와 동사의 직접 목적어다. 사래가 그녀를 괴롭힌 것은 적대적인 처사였지만, 하나님이 그녀를 발견한 것은 의도가 불확실하다. 하나님의 행동은 사래의 행동에 반대하는 것일 수도 있고 승인하는 것일 수도 있다. 만일 이 발견이 괴롭힘을 반대하는 행동이라면, 저 문장 배열 중간에 위치한 하갈의 도피는 새로운 방향을 암시하는 신호다. 하나님이 강화하고, 용기를 주고, 사실상 자율권을 부여하는 새로운 방향을 나타낸다. 그러나 이 발견이 괴롭힘을 승인하는 행동이라면, 하갈의 도피는 헛된 활동이다. 하나님이 한계를 정하고, 통제하며, 사실상 무효로 만드는 헛된 활동이 된다. 세 문장의 병치는 내러티브 전개에 애매함이 나타나게 한다. 애매함이 해결되려면 주님의 사자의 후속 행동을 기다려야 한다.

하나님이 행동을 이어가기에 앞서, 내레이터는 하갈의 위치에 관하여 간략한 해설을 제공한다. 이후의 이스라엘과 마찬가지로, 이 가출한 임신부 시녀는 종살이하던 집에서 나와 광야로 도망쳤다. 그녀에게 이곳은 수르로 가는 길가에 있는 샘으로 상징되는 환대의 장소로, 이집트 국경과 접한 지역이다.[21] 이곳은 생명의 자양분이 되는 물이 있고, 하갈은 고향에 거의 다 왔다. 하갈의 상황이 이스라엘의 이집트 탈출과 얼마나 다른가! "모세가 이스라엘을 홍해에서 인도하여 내어, 수르 광야로 들어"갔을 때 "그들은 사흘 동안 걸어서 광야로 들어갔으나, 물을 찾지 못하였다"(출 15:22, RSV). 실로 모세는 주님께 물을 달라고 요청해야 했다. 그러나 하갈은 어떤 신에게도 부르짖지 않는다. 특히나 사래의 자궁을 닫아서 여종에게 괴로움을 가져다준 야웨께는 결코 부르짖지 않는다. 그럼에도 하갈은 모세와 마찬가지로 압제자에게서 도피한 후 하나님을 만난다(cf. 출 2:15b-16; 3:1-2).[22] 야웨의 사자는 광야의 샘물 옆에서 하갈을 발견한다. 이 이집트 시녀는 성서에서 이런 사자가 방문한 첫 인물이다.[23]

발화만으로도 하나님의 임재가 드러난다. "사래의 시녀 하갈아, 네가 어디에서 왔느냐, 그리고 어디로 가는 중이냐?"(16:8a, RSV). 처음으로 등장인물이 하갈에게 말을 걸고 하갈의 이름을 부른다. 하나님은 사래와 아브람이 인정하지 않았던 것을 인정한다. 바로 이 여인의 인격이다. 그러나 하갈과 동격인 "사래의 시녀"라는 문구는 이러한 인식을 약화한다. 하나님의 사전에서 하갈은 여전히 종이기 때문이다. "주님의 사자"(16:7)는 그녀를 노예라는 인간의 속박에서 자유롭게 하지 않고, 오히려 "사래의 시녀"(16:8)라는 호칭으로 부른다. 이렇게 관계적으로 식별하는 호칭들은 현격한 차이를 나타내면서도 평행한 의미를 담고 있다. "사래의"는 곧 "주님의"이다.

"네가 어디에서 왔느냐, 그리고 어디로 가는 중이냐?" 이 물음은 출발지origin와 도착지destiny를 구체화한다. 하갈은 이 물음에 대답하면서 처음으로 입을 연다. 압제로부터의 탈출은 하갈의 목소리를 해방한다. 비록 하갈의 온전한 인격을 이루어 내지는 못하지만 말이다. 내레이터는 삽화 전체에 걸쳐, 특히 하갈의 발화를 넣을 때, 하갈의 이름을 생략함으로써 이러한 한계를 미묘하게 암시한다.[24] 동사의 여성형이나 대명사로만 하갈을 식별할 뿐이다. 하갈은 "네가 어디에서 왔느냐?"라는 하나님의 물음에 대답하면서 스스로 이러한 인격의 불완전함을 인정한다. 하갈은 질문과 동일한 구문 순서로 대답하면서 전치사구와 동사의 내용을 바꾼다. "그녀가 대답하였다. '나는(ānōkî) 내 여주인 사래의 얼굴에서 도망치는 중입니다'"(16:8b). "네가 어디에서 왔느냐?" 하갈은 어떤 장소에서 온 것이라기보다, 어떤 사람에게서 도망가고 있다. 사자가 사용한 "사래의 시녀"라는 호칭과 "내 여주인 사래"라는 문구가 짝을 이루면서, 사회적 구조의 지속적인 힘을 나타낸다. 압제로부터의 탈출은 하갈에게 자유를 보장하지 못한다. 하지만 하갈은 계속해서 저항한다. 하갈은 힘주어 말한다. "나는(*ānōkî*) 도망치는 중입니다." 이 '**나는**'은 사래의 '**나는**'(*ānōkî*)(16:5)과 대척점에 서 있다. 힘 없는 자가 권력자를 거역한다.

"어디로 가는 중이냐?"는 두 번째 물음이다. 하갈은 여기에 대답하지 않은 것 같다. 아니면 벗어나는 것 자체가 하갈의 목적지일까? 어쨌든 광야는 압제로부터의 탈출, 생명의 자양분, 하나님의 계시를 나타낸다. 그러나 만일 벗어남이 하갈에게 목적지라면, 주님의 사자에게는 다른 답이 있다. "사래의 시녀 하갈"과 "내 여주인 사래"는 각각 동격이며, 이 동격들은 과거가 현재에 만연해서 미래를 형성함을 나타낸다. 따라서 광야는 종착지가 아니라 반환점이다. "주님의 사자"는 하갈에게 그녀가 어디로 가는 중인지 말해 주려고 "사래의 시녀"를 찾은 것이다. 그리고 하나님의 명령은 출발지와 도착지를 융합한다. "너의 여주인에게로 돌아가서, 그녀의 손 아래에서 괴롭힘을 겪어라"(16:9). 정말로 "사래의"가 곧 "주님의"인 셈이다.

이중적 명령은 엄격함을 강조한다. "너의 여주인에게로 돌아가라"는 명령만 놓고 보면 가혹한 처사가 없었던 노예 상태 초기로 회귀하는 것을 의미했을지도 모른다. 그러나 두 번째 명령은 그러한 해석을 무효화한다. "그녀의 손 아래에서 괴롭힘을 겪어라." 여기서 사용된 동사(*'nh*)는 이전에 사래가 하갈을 학대할 때(16:6b) 사용된 것과 같은 단어다. 게다가 '**그녀의 손 아래에서**'라는 문구는 아브람이 사래에게 했던 대답을 반향한다. "이보오, 당신의 시녀는 **당신의 손 안에** 있으니, 당신의 눈에 좋을 대로 그녀에게 하오"(16:6a).

의심의 여지 없이 이 두 명령, 곧 돌아가서 고난에 굴복하라는 것은 학대당했음에도 불구하고 용기를 낸 여성에게 하나님의 공포스러운 말씀을 전한 것이다. 이 명령은 이집트 탈출 신앙의 핵심과 충돌한다. 설명할 수 없는 일이지만, 나중에 노예 민족의 고통('önî)을 보고(r'h) 결국 이집트인의 **손에서** 그들을 구출하시는 하나님(출 3:7-8)이 여기서는 압제자와 동일시되고 종에게 종살이로 돌아가라고 할 뿐만 아니라 다시 괴롭힘당하라고 명령한다.[25] 이와 같이 이 삽화가 시작될 때는 애매함이 나타났지만 괴롭힘을 승인하는 데서 애매함이 해결된다. "사래는 그녀를 괴롭혔다"(16:6b)와 "주님의 사자는 그녀를 발견했다"(16:7a)는 형식과 의미에서 평행하다. 하갈의 도피는 이 문장들로 둘러싸이면서 헛수고로 돌아간다.

물론 돌아가서 괴롭힘당하라는 하나님의 명령은 두 가지 약속을 수반하지만, 각각에는 양면성이 있다.[26] 첫 번째 약속은 하갈에게 무수히 많은 후손을 주겠다는 확약이다. "내가 너에게 많은 후손을 주겠다. 후손이 셀 수도 없을 만큼 불어나게 하겠다"(16:10, RSV). 이스라엘의 족장은 모두 이런 식의 말씀을 듣지만,[27] 하갈은 이런 말씀을 받은 유일한 여성이다. 하지만 하갈에게 한 이 약속에는 건국의 아버지들에게 매우 핵심이 되는 언약의 맥락이 빠져 있다.

두 번째 약속에서는 무수히 많은 후손을 확약하는 것에서 한 아이의 탄생고지로 초점 범위가 좁아진다.[28] 하갈도 자기 임신 사실을 알았지만, 하나님의 사자가 인간의 계략을 통해 생긴 것을 허가한 것이다. 이 수태고지에는 다음과 같은 세 가지 기본 요소가 있다. 남자아

이의 탄생 예견, 아이 이름 짓기, 아이의 미래.[29]

> 진정 너는 임신한 몸이고
>> 아들을 낳게 될 것이다.
> 너는 그의 이름을 이스마엘이라고 부를 것이다.
>> 이는 야웨께서 네 괴로움에 주의를 기울이셨기 때문이다.
> 그는 들나귀처럼 될 것이다.
>> 그의 손이 모든 사람과 대적하고
>>> 모든 사람의 손이 그와 대적할 것이다.
> 그리고 자기의 모든 형제의 얼굴과 등지고
>> 살아갈 것이다. (16:11-12, RSV*)

이집트인 하갈은 수태고지를 처음으로 받은 사람으로 이스라엘에서 특별한 어머니들의 원형이 된다.[30] 아직 태어나지 않은 아이는 하갈에게 위로뿐만 아니라 고통을 뜻한다. 이스마엘("하나님이 들으시다")이라는 이름은 두 가지 의미를 긍정한다.[31] 하갈이 결코 하나님께 부르짖지 않았지만, 하나님은 아들을 통해 미래를 보증해 줌으로써 하갈이 당한 과거의 괴롭힘('*nh*; 16:6)에 주의를 기울이신다.[32] 이 약속은 하갈을 통해 자신을 세우고자 했던 사래의 계획을 무효화하는 것으로 보인다.[33] 그래서 희망이 넘친다. 다른 한편, 하나님은 현재 사래에게 더 굴복하라고('*nh*; 16:9) 명령함으로써 하갈이 당한 괴롭힘에 이미 주의를 기울여 인지하고 계셨던 것이다. 고통은 희망이 수그러들게 한다. 칼이 하갈의 영혼을 찌른다. 이스마엘에 관한 하나님의 약속은 위로와 참담함의 경계에 있는 인생을 의미한다.

이 수태고지의 결말은 어머니에서 아들로 바뀐다. 남성에게 주의를 기울임으로써 관심이 여성을 비껴간다. 이스마엘은 심지어 동족들과도 다투면서 방랑자요 외톨이가 된다. 이스마엘에 관한 묘사에 사용된 두 단어는 하갈 이야기를 반영한다. 바로 '**손**'과 '**얼굴**'이다. "그의 **손**이 모든 사람과 대적하고 모든 사람의 **손**이 그와 대적할 것이다"(16:12b). 이 표현은 아브람이 사래에게 한 말을 상기시킨다. "이보오, 당신의 시녀는 당신의 **손** 안에 있으니"(16:6). 또한 야웨가 하갈에게 한 명령을 상기시킨다. "너의 여주인에게로 돌아가서, 그녀의 **손** 아래에서 괴롭힘을 겪어라"(16:9). 하갈이 사래의 손 아래에서 산다면, 이스마엘의 손은 그러한 권력에 맞서 끊임없이 다투는 데 사용될 것이다. 실제로 그는 "자기의 모든 형제의 얼굴과 등지고 살아갈 것이다"(16:12c). '**얼굴**'이라는 단어는 "나는 내 여주인 사래의 **얼굴**을 피하여 도망치는 중입니다"(16:8)라고 말한 어머니의 행동에 기초를 두고 있다. 이스마엘에게서 하갈의 이야기가 계속되고 있다.

하갈은 하늘 사자의 이 양면적인 약속에 응답하면서, "자기에게 말씀하신 야웨의 이름을 부른다"(16:13a). 이 표현은 간구라기보다 명명을 함축하기에 주목할 만하다. 다시 말해, 하갈은 하나님의 이름을 불러(qr' bšm yhwh; cf. 창 12:8; 13:4) **구한** 게 아니다. 하갈은 성서 전체에서 누구에게도 귀속되지 않는 권능을, 이름을 부른 것이다(qr' šm-yhwh). "자기에게 말씀하신 야웨의 이름을 '봄seeing의 하나님'이라고 부른다"(16:13b).[34] 시녀는 자신에게 아이가 들어섬을 보고(r'h) 나서 자기 여주인 사래에 대한 새로운 시각을 갖게 되었고, 이제 하나님께 출산 고지를 받고 나서 새로운 시각으로 하나님을 본다(r'h).[35] 하갈은 신학자다. 하갈의 명명은 하나님의 만나심과 인간의 만남, 즉 보시는 하나

님과 보인 하나님을 결합한다.[36]

　하갈은 이 이름에 설명을 덧붙인다. 이 설명은 불분명한 히브리어로 되어 있어서 혼란을 낳는다. "이렇게 부른 까닭은 그녀가 '나를 보시는 분(rʾh)을 뒤따라서 뒤에서 내가 심지어 여기서 보았는가(rʾh)?'라고 했기 때문이다"(16:13c).[37] 아마도 하갈은 방금 받은 계시에 대한 자신의 이해에 의문을 품고 있는 듯하다. 하갈을 보시는 하나님은 여전히 하갈에게 불분명한 존재다. 내레이터는 이 이해하기 어려운 언급 뒤에 "나를 보시는(rʾh) 살아 계신 분의 샘"(16:14a)으로 하갈의 위치를 식별하는 원인론적 해설을 덧붙인다. 하지만 하갈이 한 말과 하갈이 있는 장소의 연관성도 불분명하다.[38] 그렇다면 결국 하갈의 물음의 의미는 불확실하게 남는다. 우리가 아는 것은 하나님께 "봄의 하나님"이라고 이름을 붙인 시녀가 야웨께서 그녀에게 부과한 고통으로, 구체적으로는 자기 눈에 작아 보이는 여주인에게로 돌아가야 한다는 점뿐이다. 종살이의 순환이 하갈을 에워싸고 있다.

D. 결론, 16:15-16 내레이터는 하갈이 돌아간 것과 사래 밑에서 겪는 괴로움에 대해서는 전혀 언급하지 않는다. 그 대신 장면1은 아브람을 높이는 이스마엘의 탄생을 공식적으로 보고하면서 마친다.[39]

　하갈이 아브람에게 아들을 낳아 주었다.
　　아브람은 그의 아들,
　　　곧 하갈이 낳은 자의 이름을 이스마엘이라 불렀다.
　아브람이 팔십육 세였을 때
　　하갈은 이스마엘을 낳아 주었다. 아브람에게. (16:15-16, RSV*)

이야기의 맨 첫 단어는 사래였고(16:1), 마지막 단어는 아브람이다. 도입부는 부정적인 어조로 들렸다. "그에게 아이를 낳아 주지 못하였다." 결론은 긍정적인 말로 응수한다. "이스마엘을 낳아 주었다. 아브람에게." 이야기를 슬픈 시작에서 행복한 결말로 움직인 것은 하갈이다. 그럼에도 시종일관 하갈 자신의 이야기는 이러한 움직임에 역행한다.

아니나 다를까, 이야기를 맺는 내레이션은 계속해서 하갈을 낮추고 있다. 첫째, 내레이션은 하갈의 이름을 되찾아 주지만, 하갈의 목소리를 침묵시킨다. 둘째, 내레이션은 하갈이 어머니임을 강조하지 않고, 아브람이 아버지임을 강조한다.[40] 야웨의 사자는 아브람을 전혀 언급하지 않았는데도 말이다. 셋째, 내레이션은 아브람이 아들을 이스마엘이라 이름했다고 보고함으로써 하나님이 하갈에게 주신 권력을 박탈한다. 게다가 결말은 사래도 약화한다. 하갈의 아이를 통해 아브람이 아니라 자신을 세우겠다고 말한 사람은 전혀 언급되지 않고 있다. 하갈도 사래도 아닌 아브람이 아들을 갖고, 이스마엘이라고 이름을 짓는다. 가부장제가 잘 통제하고 있다. 다른 면에서는 여성들에게 초점을 둔 장면의 결론이 아브람의 이야기를 재개한다.

이야기의 경과

창세기 17:1-21:8 아브람 이야기의 재개는 모든 인물에게 변화를 가져온다. 이제 아브람과 사래가 아니다. 족장과 그 아내는 아브라함과 사라가 되었다(17:5, 15). 하갈은 보이지 않지만, 그녀의 이야기는 계속된다. 이스마엘은 하나님의 거부 대상이 되는데, 바로 사라가 아니라 하같이 자기 어머니라는 이유로 말이다(17:15-21). 이와 같이 아브라함의 이야기는 이 두 여인을 중심으로 계속되고, 또다시 사라가 더 좋은 몫을 얻는다. 즉 하나님은 사라 본인의 아들을 약속한다(18:1-15).[41] 그러나 이 여족장은 자기 나이에 아이를 낳는 것이 당찮다는 듯이 혼자 웃는다(18:12). 사라는 하갈과 달리 결코 출산고지를 받지 않았다. 실제로 야웨는 사라에게 딱 한 번 말하는데, 그런 다음 못 믿겠다고 웃은 것에 대해 통명스러운 질책을 덧붙인다(18:15).

약속과 지연, 의심과 기만은 하나님의 은혜로 사라가 아브라함에게 낳아 준 이삭이삭의 출현으로 옮겨 간다(21:1-8).[42] 이 기적적인 탄생에 대한 사라의 반응은 그녀가 자기 방식으로 세워진 게 아니라 아브라함에게 아이를 낳아 줌으로써 세워졌음을 내비친다.

누가 아브라함에게 말하였겠느냐?
　"사라가 자식들을 수유할 것이다" 하고 말이다.
그러나(kî) 내가 그의 노령에
　그에게 아들을 낳아 주었다.[43] (21:7, RSV*)

문화가 사라에게 요구한 것, 사라가 자기 시녀를 통해 이루려 한 것을 마침내 하나님이 사라에게 주셨다. 그러나 하갈과의 문제가 이삭의 등장으로 누그러지지 않고, 오히려 더 심해진다. 따라서 하갈 이야기의 파편이 두 번째 장면으로 한 번 더 나타난다.

추방을 위한 행

장면2: 창세기 21:9-21

장면2는 디자인의 측면에서는 장면1과 비슷하지만, 플롯은 더 복잡하다. 이스마엘과 이삭은 등장인물을 확장하여 다른 변화를 가져온다. 첫 삽화(21:9-14abc)는 평행 삽화(16:2-6)와는 대비되는 모습으로 인물을 그린다. 사라는 성취는 많지만 말은 적게 하는 모습으로, 아브라함은 말은 안 하지만 저항하는 모습으로, 하나님은 직접 개입하는 모습으로, 하갈은 더욱 고통당하는 모습으로 말이다.

A. 도입과 삽화1, 21:9-14ABC 내레이터는 두 여인 간의 긴장이 고조되고 있음을 넌지시 보여 주면서 이야기를 시작한다.

> 사라가 보니 이집트인 하갈의 아들,
>> 곧 하갈이 아브라함에게 낳아 준 자가 놀고 있다.[44] (21:9, RSV*)

"이집트인 하갈의 아들"이라는 묘사는 아이가 아니라 어머니를 강조한다. "하갈이 아브라함에게 낳아 준 자"라는 문구는 하갈을 아브람의 아내로 만든 사래의 역할을 떠올리게 한다. 그리고 사라의 행동을 묘사하는 동사 **'보다'**(r'h)는 앞서 하갈이 임신했을 때 하갈의 반응을 보고했던 표현이다. "그녀가 자신이 임신한 것을 알았을(r'h) 때, 그녀의 눈에 자기 여주인이 작아졌다"(16:4c). 이제 사라는 이 임신의 결과를 보는 것이다. 이리하여 히브리 여주인과 이집트인 시녀의 적대감이 계속된다.

내레이터가 내비친 것이 사라의 말로 확인된다. 아니, 악화된다. 사라는 불평등해야 한다는 적대적 입장을 구축해서 아브라함에게 명령한다.

이 노예 여자와 그녀의 아들을 내쫓으라(grš).
　　이 노예 여자의 아들은
　　　　내 아들과 함께, 이삭과 함께 상속받을 수 없다. (21:10, RSV*)

가나안에 이스마엘이 존재한다는 것은 이삭의 미래에 골칫거리다. 이삭이 받을 유산이 위태하다.[45] 사라는 이 위험을 제거하려고 자신과 이삭을 높이면서 하갈과 이스마엘을 낮춘다. 이스마엘이라는 이름이 빠진[46] "그녀의 아들"이라는 표현은 "내 아들 … 이삭"이라는 말과 대비된다. "내 시녀"(cf. 16:2)가 아니라 "이 노예 여자"라고 표현함으로써 하갈과 사라 사이의 거리가 벌어진다.[47] 소유형용사 '나의'가 빠졌을 뿐만 아니라 명사도 바뀌었다. 이는 지위의 변화를 함의한다. 장면1에서 하갈은 사라의 시녀(šip̄ḥâ)였는데, 이제 두 번째 아내로서 집주인을 섬기는 노예(āmâ)가 되었다.[48] 이와 대조적으로 첫 번째 아내 사라는 아들을 낳았기 때문에 그 어느 때보다 큰 권력을 누리고 있다. 여주인의 삶이 번영하면서 여종의 운명은 더 나빠졌다.[49]

사라의 말은 이집트 탈출 내러티브의 어휘와 주제를 불안한 반전과 함께 미리 보여 준다. 재앙이 맏아들의 생명을 위협하자 파라오는 히브리 노예들을 내쫓았다(grš).[50] 이 제왕monarch처럼 여족장matriarch 사라도 노예 하갈을 내쫓아서(grš) 자기 아들을 보호하려 한다. 괴롭힘을 피해 도망친 다음부터(16:6b) 사라가 이집트의 역할을 예시할 때 하갈은 계속 이스라엘 이야기를 예표한다. 아이러니로 가득하다.

내레이터에 따르면, 아브라함은 사라의 명령을 못마땅하게 보고, 묵묵히 따르던 평소의 역할에서 매우 이탈한다. 그러나 그의 시야에 밟히는 것은 오직 자기 아들 이스마엘뿐이다. 그는 자기 아내 하갈을 전혀 신경 쓰지 않고 있다.

> 자기 아들 때문에('al 'ōdōt)
>> 이 문제는 아브라함의 눈에
>> 몹시 괴로웠다(rʿʿ). (21:11)

그러나 아브라함의 저항은 그저 사라의 권력을 강화할 뿐이다. 하나님이 사라를 편들기 때문이다. 따라서 하나님은 아브라함의 시각을[51] 바꾼다.

> 그 소년 때문에('al)
> 그리고 네 노예 여자 때문에('al)
>> 네 눈에 괴로움(rʿʿ)을 두지 말라. (21:12a)

이 명령은 대체로 내레이터의 언어를 반복하고 있지만, 변화된 부분은 주목할 만하다. 하나님은 아브라함과 이스마엘의 관계를 최소화하려고 그를 "네 아들"이 아니라 "소년"이라고 부른다. 게다가 하나님은 하갈을 "네 아내"가 아니라 "네 노예 여자"라고 표현한다. 사라의 어휘(21:10)를 명백하게 모방한 표현이다. 아브라함이 하갈을 도외시했다면, 하나님은 하갈을 멸시한 것이다.

두 번째 명령에서 하나님은 사라의 명령을 명백히 확정해 준다. "사라가 너에게 말한 대로 다 들어라"(21:12b; cf. 16:2),[52] 한 가지 이유가 따라온다. "이삭에게서 나야 네 후손으로 불릴 것이다"(21:12c). 사라의 승리 한가운데서 '**후손**'(*zr'*)이라는 단어가 하갈의 이야기를 상기시킨다. 오래전 광야에서 야웨의 사자가 하갈에게 "내가 너에게 많은 후손(*zr'*)을 주겠다"라고 말했다. 이 약속은 아버지나 아이에 대한 언급 없이 하갈에게만 한 것이다(16:10). 후손에 대한 두 약속, 즉 처음에 하갈에게 한 이스마엘을 통한 약속과 지금 아브라함에게 한 이삭을 통한 약속을 나란히 놓고 보면, 하갈은 여자 홀로 한 민족의 선조가 되는 영예를 얻게 되는 것 같다.[53] 하지만 이러한 해석은 하나님이 아브라함에게 하신 마지막 말씀에 비추어 보면 불분명해진다.

노예 여자의 아들 또한(*gam*)
　　내가 한 민족을 이루게 할 것이다.
그도 너의 후손(*zr'*)이기 때문이다. (21:13)

이 문장의 구문은 목적어를 동사 앞에 두는데, 그럼으로써 노예 여자의 아이가 강조되고 있다. 분명히 나중에 추가된 생각은 하갈을 유린하는데, 하갈의 후손에서 아브라함의 후손으로 바꾸기 때문이다. 그렇다면 사라, 아브라함, 하나님, 심지어 이스마엘까지 모두가 하갈을 다양한 방식으로 깎아내리고 있다.

사라는 자기가 낳은 아이의 삶을 보호하려고 아브라함에게 "이 노예 여자와 그녀의 아들을 내쫓으라…"(21:10a)고 명령한다. 하나님은 사라를 지지하면서 아브라함에게 그대로 순종하라고 명령한다. 이러한 지시들이 이집트 탈출 이야기의 주제와 어휘를 예견하고 있지만, 차이를 살펴보면 또다시 끔찍하다. 파라오가 자기 맏아들의 생명을 구하려고 히브리 노예들을 내쫓을($grš$)[54] 때, 하나님은 추방에서 구원을 가져다주려고 그들의 편에 서셨다. 여기서는 대조적으로 하나님이 고통받는 노예가 아니라 압제자들과 하나가 된다. 하갈은 해방이 아니라 추방임을 알고 있다.

아브라함은 사라에게 그리고 하나님께 순종하여 하갈의 고난에 가담하는 적극적인 행위 주체가 된다(cf. 16:3, 6). 비록 내레이터가 이 사건을 보고하면서 이들의 관계를 생략하고 있지만, 이는 남편이 자기 노예 아내를 내쫓은 사건이자 아버지가 아들을 내쫓은 사건이다. 아브라함은 입을 열지 않고, 다만 쫓아낼 이들에게 떡과 물을 준다. 이런 여행 식량은 어머니와 아이의 미래가 위태로움을 암시한다.

> 그래서 아브라함은 아침 일찍 일어나,[55]
>> 떡과 물 한 가죽부대를 가져다가,
>> 하갈에게 주고, 그녀의 어깨에 메워 주었다.
>>> 아이와 함께.[56] (21:14abc, RSV)

내레이터는 이 삽화 마지막에 하갈의 이름을 사용함으로써 시작 부분(21:9)의 강조점과 짝을 이룬다. 아브라함의 마지막 행위는 시작 부분의 초점을 계속 유지한다. "그는 그녀를['그들을'이 아니다] 내보냈다"(21:14d, RSV). 동사 '**내쫓다**'처럼 이 동사('**내보내다**')도 이집트 탈출 이야기의 어휘를 앞서 사용하고 있다. 불안한 반전과 함께 말이다. 파라오의 행동에서 동사 '**내보내다**'($šlḥ$)가 히브리 노예들에게 자유를 함의한다면, 아브라함의 행동에서는 이집트 노예에게 추방을 의미한다.[57] 하갈에 관한 모든 말이 그녀에게 적대적인 결과를 낳는다. 이런 부정적인 분위기로 삽화1이 끝난다.

B. 삽화2, 21:14E-19 장면1에서 하갈은 사래에게서 도망쳐 나왔지만, 이번에는 탈출구가 없다. 하갈은 사라와 하나님과 아브라함이 그녀에게 부과한 것을 해야 한다. 그들의 명령은 하갈이 나가도록 정한다. "그녀는 나갔다"(21:14c)는 "그는 그녀를 내보냈다"(21:14d)는 진술에 대한 반응이다.[58] 이집트 탈출 전승에서 '**내보내다**'(*šlḥ*)에 대한 반응인 동사 '**나가다**'(*hlk*)는 히브리인이 하고자 한 것을 묘사하는 데 사용되지만,[59] 하갈의 이야기에서 이러한 상응 행동은 노예 여자가 해야만 하는 것이다. 동일한 단어들과 비슷한 주제들이 상반되는 이야기를 전한다. 하갈은 종살이하던 땅에서 떠나는 것이 탈출이 아니라 추방이라고 생각한다.

두 번째 동사는 그녀의 목적지를 제시한다. "그녀는 브엘세바 광야를 헤맨다"(21:14f, RSV*). 동사 '**헤매다**'(*tʿh*)는 물리적인 이동과 관련하여 불확실성, 방향 없음 또는 방향 상실, 심지어 궁핍을 함의한다.[60] 이 단어가 히브리인들이 이집트에서 나온 다음에 한 행동을 묘사할 때는 사용되지 않기 때문에, 이 단어를 하갈에게 사용한 것은 하갈의 광야 경험이 히브리인의 경험과 다르다는 점을 내비친다. 종살이하던 땅에서 쫓겨나서 "그녀는 나갔다. 그리고 … 광야를 헤맨다." 하갈은 대명사 '**그녀**'를 통해 이 장면에서 처음으로 능동형 동사의 주어가 된다. 추방은 해방이 아니지만 그녀를 인격체로 바꾼다. 이 변화로 삽화2가 시작된다.

이 광야 삽화는 첫 번째 장면에서의 평행 삽화와는 대조적으로, 두 부분으로 구성된다. 첫 번째 부분(21:14e-16)은 아이와 함께 있는 하갈만 그릴 뿐, 하나님의 사자가 샘물가에서 하갈을 찾는 모습은 없다. 실제로 브엘세바 지역은 수르 지역과는 달리 물이 전혀 나오지 않는다.[61] 게다가 브엘세바는 이집트 국경 지대도 아니다. 자발적 도피가 아니라 강제로 추방된 하갈을 받아들인 이 광야는 낯선 불모지다. 아이에게 죽음을 가져다주는 땅이다.

> 가죽부대에 담긴 물이 다 떨어지자
>> 그녀는 관목 덤불 아래 있는 그 아이에게서 떠났다.[62] (21:15, RSV*)

내레이터는 "그녀의 아이"나 "그녀의 아들"이 아니라 "그 아이"(*yld*)라는 표현을 사용하면서 정서적 거리를 내비친다. 이는 물리적 거리가 된다.

> 그러고 그녀는 화살 한 바탕[63] 거리쯤 떨어진 곳에 가서
>> 그의 맞은편에 주저앉아서 (21:16a, RSV)

호렙 광야의 떨기나무(*sĕneh*)와 달리(출 3:2), 아이가 놓인 곳 위에 있는 관목(*śîaḥ*)에서는 불꽃 속 주님의 사자가 나타나지 않는다.[64] 하갈은 절망하며 아이에게 임박한 죽음을 응시하고 있다. 뭘 어떻게 할 수가 없다. 그녀는 이 장면 전체에서 단 한 번 입을 연다.[65] 어쩌면 그녀의 발언이 속으로 생각하는 것일 수도 있지만 말이다.[66] 이 여인의 모습이 어두워지면서 그녀의 말은 추방당한 광야에서의 고통과 고독

을 내비친다. 하갈은 주저앉아서 "'그 아이 죽는 것을 내 어찌 볼(r'h) 수 있겠는가' 하고 말했다"(21:16b, RSV*). 일찍이 자신이 아이 밴 것을 보았고(r'h) 새 생명을 허락하신 하나님도 보았던(r'h)(16:4, 13) 어머니가 이제 그 생명의 소멸을 자기 눈에 보이지 않게 하려 한다. 그녀는 내레이터처럼(21:15) 거리감 있는 어휘를 사용한다. "내 아이"나 "내 아들"이라 하지 않고 "그 아이"라고 말한다. 이러한 하갈의 마지막 말은 누군가에게 건네는 말이 아니라 죽음에 항복한 것이다.

하갈은 울었다. 정확히, 히브리어 본문은 "그녀가 목청 돋우어 울었다"(21:16)라고 말하고 있다. 그러나 고대부터 번역자들은 분명히 동사가 여성형인데도 남성을 가리키는 해석으로 바꿔서 이 여성에게서 슬픔을 빼앗아 갔다.[67] 이렇게 변경함으로써 아이가 목청 돋우어 운다는 의미가 된다. 그러나 남성적 수정이 하갈을 침묵시킬 수 없다. 다수의 여성 동사 형태가 이 부분 전체에 걸쳐 하갈의 눈물을 오해할 여지 없이 증언하고 있다. 그녀가 나갔고, 그녀가 광야를 헤맸다. 그녀가 아이 죽을 자리를 보았고, 그녀가 아이를 지켜 보고 있었으며, 그녀가 "그 아이의 죽음"이라는 두려운 말을 내뱉었다. 이제 그녀는 죽음과 거리를 두고 앉아서, 자기 목소리를 높여 운다. 하갈의 말이 그저 자기 소리이듯, 하갈의 슬픔도 그저 슬픔일 뿐, 다른 누군가를 향해 부르짖는 것이 아니다. 하나님을 향해 탄원하는 것이 아니다. 성모는 죽어 가는 자기 아이 곁에 홀로 있다. 하갈은 울고 있다.

하갈의 이야기를 드러내는 몇 안 되는 파편 중 오로지 이 부분만(21:14e-16) 하갈을 다른 모든 주요 인물과 외따로 묘사하고 있다. 내레이터는 아이가 죽어 가고 있는데도 계속 흔들림 없이 어머니에게 초점을 두고 있다. 그녀의 행동, 그녀의 생각, 그녀의 말, 그녀의 감정에 말이다. 사소한 예외 하나(21:15ₐ) 말고는 하갈이 모든 동사의 주어다. 그러나 하갈의 이름이 등장하지 않는 곳에서 하갈의 무력함이 나타난다. 게다가 주어인 그녀는 광야로 쫓겨난 대상ᵘᵈᵉˢ이기도 하다. 장면1에서 하갈이 선택한 광야는 찰나의 순간이나마 환대의 장소였지만, 장면2에서 하갈에게 강요된 광야는 적대적 장소인데다 적대가 지속되고 있다. 이 상징은 하나지만, 삶과 죽음이라는 양극단으로 하갈에게 구현된다.

이스라엘은 장차 자유를 향한 승리의 탈출 행진이 40년 광야 생활이 되면서 이러한 양극단을 경험할 것이다. 이스라엘은 하갈과 달리 불평할 것이다. 투덜거리고 반역할 것이다. 먹을 음식과 마실 물을 요구할 것이다.[68] 그러나 시종일관 하나님은 이스라엘 편이 될 것이다. 하갈에게는 반대로 일어난다. 하나님은 하갈을 종살이에서 자유롭게 하기 위해서가 아니라 하갈의 압제자가 상속받을 유산을 보전해 주기 위해서, 하갈을 광야로 내보내는 일을 지지하시고 심지어 명령하신다.

이 삽화의 첫 부분(21:14e-16)에서 하갈이 관심의 중심에 있다면, 둘째 부분에서는 아이가 전면에 등장하면서 하갈은 관심에서 벗어나기 시작한다. 하나님이 이런 차이를 가져온다. 한 부분이 끝나고 새 부분이 시작하는 지점에서 내레이션 문구는 이런 변화를 시사한다. 하갈이 "목청 돋우어 울었다"(21:16c)에서 "하나님이 그 소년의 음성을 들으셨다"(21:17ₐ)로 자리가 넘어간다. "아이"(*yld*)에서 "소년"ᵗʰᵉ ˡᵃᵈ(*n'r*)으로 어휘가 변하는 것도 이러한 이행을 나타낸다.

어머니의 울음은 하나님의 침묵을 불러오지만, 소년의 음성은 하나님의 발화를 불러온다. 하나님의 사자는 광야에서 하갈을 찾는 대신(16:7), 저 멀리 "하늘에서" 하갈을 부른다. 먼젓번처럼 하나님은 하갈의 이름을 부르며 물으신다. "하갈아, 무슨 일이 있느냐?"(21:17c, RSV). 병행 사건(16:8)과는 달리 도망자가 아닌 쫓겨난 자 하갈에게는 대답할 기회도 없다. 하갈이 탈출했을 때는 주님께 대답했지만, 하갈이 쫓겨난 지금은 하나님의 말을 듣기만 한다. 그녀의 아들에게 주로 관심을 두고 있는 신이 건네는 말씀을 말이다. "두려워하지 말아라. 하나님께서 저기 있는 소년의 음성을 들으셨다"(21:17d, RSV).[69] 하나님은 하갈에게 그녀의 아이에 대해 말하면서 '아들'이라는 명사나 '너의'라는 형용사를 결코 사용하지 않는다. 하나님은 이스마엘을 "소년"이라고 지칭하면서 내레이터의 선례를 따른다. 하갈이 어머니임이 미묘하게 약화된다.

"두려워하지 말아라. 하나님께서 저기 있는 소년의 음성을 들으셨다." 이러한 하나님의 보증의 말씀은 내레이터가 시작한 성모에서 아이로의 이행을 굳게 해 준다. 하나님은 하갈로 하여금 소년을 보조하게 하면서 "소년"을 높인다.

> 일어나, 소년을 일으키고
>> 네 손으로 붙들라.
> 내가 그를 큰 민족이 되게 할 것이다. (21:18, RSV*)

장면1에서의 계시와는 달리 이번 언급에는 하갈에 대한 약속이 없다(cf. 16:10). 결국 그녀의 후손이 무수히 많아지리라는 약속은 이미 아브라함에게 넘어간 것이다(21:12-13). 아브라함을 통해서 아들에게 이어진 것이다. 이스마엘이 커지면서 하갈은 작아진다. 여주인 사래의 손 아래 살았던 하갈은 이제 '소년'의 손을 위로 올려야 한다.

신현현 발화는 쫓겨난 자들의 곤경을 해결한다. 내레이터는 이 발화의 영향을 보고하면서 하나님이 정하신 대로 이 여인이 아이를 섬기는 모습을 묘사한다.

> 하나님이 하갈의 눈을 열어 주시니
>> 하갈이 샘을 보았다.
> 하갈은 가서 가죽부대에 물을 담아다가
>> 소년에게 먹였다. (21:19, RSV)

또다시 시각 언어가 하갈에게 수반된다. 이 삽화가 시작되는 지점에서 가죽부대에 담긴 물이 다 떨어지자, 하갈은 "그 아이 죽는 것을 내 어찌 볼(*rʾh*) 수 있겠는가"(21:16b, RSV*)라고 말했다. 이제 하나님이 하갈의 눈을 열자, 하갈은 샘을 보고(*rʾh*)[70] 가죽부대에 물을 담아다가 소년에게 먹인다. 생명이 죽음을 이겨 냈다. 그런데 이 시각 언어는 하갈이 전에 광야에 체류할 때의 결론과 대조된다. 그때 하갈은 야웨를 봄의 하나님이라고 이름한 신학자였다(16:13). 이번에는, 하갈의 목소리는 그치고 하갈이 보는 것이 변한다. 하갈은 하나님을 본 것이 아니라, 광야 추방 생활에서 자기 아이에게 먹일 물질적 수단을 본다.[71] 장면2는 종살이에서 추방을 거쳐 집 없는 처지에 이르면서 하갈 이야기의 막을 내린다.

C. **결론, 21:20-21** 하갈이 이스마엘을 섬기면서 몇 해가 흘렀다. 처음에 내레이터는 오직 하나님의 공로로 돌린다.

하나님이 그 소년과 함께 계셨다.

　　그는 자랐고 광야에서 살았다.

　　그는 활잡이가 되었다. (21:20, RSV*)

이스마엘은 번영한다. 그에게 광야는 집이 되고 일거리를 준다. 내레이터는 그림을 완성하기 위해 하나님의 섭리에서 하갈의 활동으로 전환한다. 하갈은 히브리 성서에서 등장인물로서는 마지막으로 모습을 나타내고,[72] 처음으로 어머니라 불린다. 그럼에도 이스마엘은 여전히 "그 소년"이지, 하갈의 아들이 아니다. 어머니는 아들을 계속 섬기면서 아내를 찾아 준다.

　　그는 바란[73] 광야에서 살았다.

　　　그의 어머니는 그를 위하여

　　　　이집트 땅에서 아내를 데려왔다. (21:21, RSV*)

이스마엘을 위해 아내를 선택한 일은 하갈 이야기에서 긴장을 고조한다. 하나님은 처음에 하갈에게 무수히 많은 후손을 약속하셨다가 (16:10), 나중에 이 약속을 아브라함에게로 이전하셨다(21:13). 마지막 행동에서 하갈은 이 후손들이 기필코 이집트인이 되게 한다.[74] 이렇게 어머니 스스로 자신을 위해 하나님이 축소된 미래를 제시한다. 이렇게 가슴 아픈 분위기로 하갈의 이야기는 끝나지만, 독자의 반응은 끝나지 않는다.

하갈 이야기를 생각하며

자신을 거절한 이야기에 속해 있는 하갈은 스쳐 지나가지만 잊을 수 없는 성서 속 인물이다. 남아 있는 파편을 가지고 그녀의 이야기를 복원하는 것은 불확실한 작업이지만, 풍성한 해석학적 반성을 낳는다. 하갈은 여러 다양한 방식으로 〔우리의〕 신앙을 형성하고 도전한다.

하갈 이야기는 현대적 이미지와 쟁점에 비추어 읽으면, 국적, 계급, 성별이라는[75] 익숙한 세 가지 형태의 압제를 그리고 있다. 이집트인 하갈은 시녀고 히브리인 사라는 하갈의 여주인이다. 이 두 여인 간 갈등은 세 남성을 중심으로 한다. 가장 중심에는 두 여인 모두에게 남편인 아브라함이 있다. 하갈의 아이 이스마엘과 사라의 아이 이삭은 아브라함에게 속해 있다. 이 여성들은 자신들의 남편과 그의 두 아들을 통해 충돌한다. 그러나 애초부터 하갈에게는 힘이 없었다. 하나님이 사라를 지지하기 때문이다. 이 노예 여성은 자기 위치를 지켰으나, 이용당하고 학대당하고 버려진 죄 없는 희생자다.[76]

하갈은 압제당하는 이의 상징으로서 많은 사람에게 많은 것이 되어 준다. 그중에서 특히, 어떤 식으로든 거절당한 여성들이 하갈에게서 자기 이야기를 찾는다.[77] 하갈은 충직하지만 착취당한 시녀고, 남성에게 이용당하고 지배 계급 여성에게 학대당한 흑인 여성이며,[78] 대리모이고, 법적 보호를 받지 못한 채 거주하는 외국인이다. 하갈은 아내의 지위가 없는 여성 파트너고, 가출 청년이며, 괴로움에서 종교로 도피하는 사람이다. 하갈은 미혼모고, 쫓겨난 아내이며, 아이 딸린 이혼녀, 주머니에 떡과 물뿐인 떠돌이 여성, 집 없는 여성이다. 권력 구조에서 나온 보조금에 의존하는 궁핍한 사람이고, 생활보호 대상 어머니이며, 다른 사람을 섬기면서 본인의 정체성이 위축되는 자기 없는 여성이다.

하갈은 현대 사회를 사는 가지각색의 사람과 그들의 다양한 조건을 상징할 뿐만 아니라, 성서 신학에서도 중추적인 인물이다. 하갈은 성서에서 하나님의 사자가 방문한 첫 인물이며, 감히 하나님의 이름을 지은 유일한 인물이다. 하갈은 이스라엘의 역사적 기억[79] 속에서 아이를 낳은 최초의 여인이다. 하갈은 이러한 임신과 출산으로 인해 이스라엘 신앙 이야기에서 특별한 인물이다. 수태고지를 처음 들은 인물이며, 후손에 대한 하나님의 약속을 받은 유일한 여성이며, 죽어 가는 자기 아이로 인해 운 첫 인물이다. 참으로 이집트인 하갈은 이스라엘의 특별한 어머니의 원형일 뿐만 아니라 이스라엘 모든 어머니의 원형이다.[80]

이런 여러 특별함을 넘어, 하갈은 대조를 통해 이스라엘의 신앙 순례를 미리 보여 준다. 이스라엘과 마찬가지로 종살이하는 시녀 하갈은 고난에서 도망친다. 그러나 그녀가 경험한 것은 자유 없는 탈출, 구원 없는 계시, 언약 없는 광야, 나라 없는 방랑, 성취 없는 약속, 돌아갈 데 없는 부당한 추방이다.[81] 이 이집트 노예 여성은 이스라엘의 허물로 인해 하나님께 치이고 벌 받고, 고통당한다. 그녀가 상한 것은 사라와 아브라함의 죄악 때문이다. 그녀가 징계를 받음으로써 그들이 온전하게 된다.

하갈은 차이가 있긴 하지만 이집트 탈출에서 포로기까지의 이스라엘이다. 그리고 이런 차이들이 공포를 낳는다. 육으로든 영으로든 사라와 아브라함의 상속자인 우리 모두는 하갈 이야기의 공포에 응답해야 한다. 하갈이 제시하는 신학적 도전을 무시한다면 우리 신앙이 거짓임을 스스로 입증하는 셈이다.[82]

다말
유다의 공주

슬픔을 많이 겪었으며
비통을 아는 여인

2장

다말

왕실이 강간한 지혜

.

사무엘하 13:1-22

사무엘서에는 왕족 강간에 얽힌 가족사가 나온다. 오빠가 여동생을 범한 것이다. 오빠는 권력과 위신이 있지만 욕정을 제멋대로 행사한다. 여동생은 지혜와 용기가 있지만 그녀가 겪은 고통은 누그러지지 않는다. 이들은 한 아버지의 자녀이나 서로에 대한 배려가 달랐다. 사실 오빠에게는 배려라 할 만한 것이 전혀 없다.

이 공포의 이야기는 다윗 왕과 궁중을 다룬 내러티브의 한 부분이지만 그 자체로 한 편의 이야기다.[1] 잘 정돈된 디자인 안에서 플롯은 장애물과 계획에서부터 범죄와 그 여파의 순서로 진행된다. 세 개의 삽화(A, B, C)가 강간 삽화(D)로 연결되고, 그다음 세 삽화가 이어진다(B´, C´, A´). 우리의 과제는 여기에 나오는 단 한 명의 여성 등장인물에 주의를 기울이면서, 이 한 편의 문학의 예술적 효과와 의미를 탐구하는 것이다.[2]

범행 이전, 13:1-9C[3]

삽화1은 범행 준비 단계로, 등장인물과 그들이 처한 상황을 보여 준다. 삽화2는 왕자의 조언자가 고안하여 왕자에게 제시한 범행 계획을 들려준다. 삽화3은 왕의 권한이 개입된다. 처음 두 단락이 원형 구조로 구성된 반면, 세 번째 단락은 일련의 명령과 응답으로 이루어진다.

A. 도입부: 등장인물과 배경, 13:1-3 이야기는 장면의 이행을 나타내는 문구로 시작한다. "그 뒤에 이런 일이 있었다." 다윗의 아들 솔로몬의 만회적redeeming 탄생과 암몬에 대한 결정적인 승리 이면에는 밧세바바쎄바를 차지하기 위해 다윗이 행한 추악한 일들이 있었다. 왕은 사적인 일이나 공적인 일이나 모든 일에서 성공을 누렸다. 그러나 지금 내레이터는 이러한 업적에서 떠나고 있다. 물론 다윗은 계속 등장하지만, 이제 부수적인 역할이다. 그는 조연 중 하나다.

장면을 넘기는 문구에 이어 환형 구성이 상황 묘사를 중심으로 인물을 소개한다(13:1-3).[4] 이 구조에서 원형 패턴들은 전체를 반영한다. 맨 처음 다윗의 세 자녀가 나온다.[5] 가장 먼저 나오는 이름은 셋째 아들 압살롬이다. 압살롬은 이야기 전체에 존재하지만, 실제로 등장하는 것은 거의 이야기 막바지에 이르러서다. 마지막에 나오는 이름은 첫째 암논인데, 그의 열망으로 범죄 행동이 개시된다. 이 두 남성 사이에 자리한 여성은 두 남성과의 관계로 소개되고, 또한 그녀만의 정체성도 나타난다. 압살롬에게는 여동생이고 암논에게는 열망의 대상인 이 아름다운 여성은 다말이다. 이 구절은 다말을 중심으로 원을 이루며 배치되어 있다.

다윗의 아들 압살롬에게

  아름다운 여동생이 있는데, 이름은 다말이며,

다윗의 아들 암논은 그녀를 열망했다. (13:1)

To Absalom, son of David,

  a sister beautiful, with the name Tamar,

and desired her Amnon, son of David.

두 남자가 한 여자를 둘러싸고 있다(영어 인용문 참조). 이야기가 전개되면서 두 남자는 그녀를 보호하는 것과 더럽히는 것, 지지하는 것과 유혹하는 것, 위로하는 것과 사로잡는 것 사이에서 행동한다. 게다가 이 다윗의 아들들은 이 아름다운 여성을 통해 서로 경쟁한다.

  내레이터는 당분간 압살롬을 무대 바깥에 둔다. 그리고 "다윗의 아들 암논이 그녀를 열망했다"[6]고 하며 원형 구조의 후반부를 전개한다. 이 정보는 삽화의 중심부, 즉 문제의 징조가 되는 상황 묘사(13:2)로 이어진다. "암논은 자기 여동생 다말로 인해 너무 괴로워 병이 났다"(13:2ᵃ, RSV*). 다말이 처음에는 열망의 대상으로만 왕세자와 연결되었지만, 여기서는 "자기 여동생"이라는 호칭을 얻는다. 다말을 압살롬과 연결한 이 여동생이라는 단어는 다말을 암논과도 연결한다. 내레이터는 가족 간 유대 관계를 강조하는 길을 택하는데, 가까운 관계라는 사실이 다가올 비극을 더 악화시키기 때문이다.[7]

  그러나 이런 자매형제 관계가 암논이 욕구 불만으로 병에 걸린 이유는 아니다. 그가 병을 얻은 것은 "그녀가 처녀이기 때문이며, 그녀에게 뭘 하는 것이 암논의 눈에 불가능해 보여서였다"(13:2ᵇ). 그의 격정은 고통이다. 왕자는 욕정으로 가득하지만 무력하다. 온통 눈앞의 것으로 가득하지만 혜안은 없다. 다말은 처녀이기에 보호받는 재산이며, 오빠들을 포함하여 남자가 다말을 가까이할 수 없다. 그럼에도 "그녀에게 뭘 하는 것이 … 불가능해 보여서였다"라는 불길한 구절은 그의 욕구 불만을 강조할 뿐만 아니라 불만을 해소하는 재앙도 암시한다.[8] 암논의 열망이 의미하는 바가 명확해지면서, 성적인 상사병lust-sickness과 폭력적 갈망이 이 처녀를 에워싼다.

> 암논이 너무 괴로워 병이 난 것은
>> 자기 여동생 다말로 인함인데
>>> 그녀가 처녀이기 때문이며,
>> 그녀에게 뭘 하는 것이
>>> 암논의 눈에 불가능해 보여서였다. (13:2)

첫 번째 원형 구조(13:1)에서 다말을 둘러싼 두 형제가 다말을 돕는 자와 해치는 자로 대조된다면, 두 번째 원형 구조에서는 한 형제가 위험 전체의 징조가 된다. 실제로 금지된 폭력은 그 반대로 이어진다. 암논은 "그녀에게 뭘 하는 것이 불가능"하다고 생각했지만, 다른 누군가에게서 어떤 관점과 계획이 나온다. 바로 요나답이다.

삽화1의 결론인 요나답에 대한 소개가 환형 구성을 완성한다.

> 암논에게 친구가 있는데, 이름은 요나답이며,
>> 다윗의 형 시므아의 아들이다.
> 요나답은 매우 꾀 많은 인물이었다. (13:3)

이 단락 시작점에(13:1a) 명사를 이끄는 전치사구가 두 사람을 연결했다. "압살롬에게(to[lĕ] Absalom) ⋯ 여동생이 있는데." 그런 다음 그녀 개인의 정체성이 나왔다. "이름은 다말이며." 이제 단락 마지막도 이와 평행한 구조다. "암논에게(to[lĕ] Amnon) 친구가 있는데, 이름은 요나답이며." 이름 뒤에는 "다윗의 형 시므아의 아들"이라는 정체성이 붙어 있다. 요나답은 왕가의 친척이다. 그는 왕의 아들들처럼 다윗과 분명한 관계가 있고, 따라서 딸인 다말에게는 결코 부여되지 않는 지위가 있다. 게다가 나란히 놓인 형용사들은 요나답이 다말보다 우위에 있음을 보여 준다. 다말은 "아름다운"(yph) 사람이지만, 요나답은 "매우 꾀 많은"(ḥkm)[9] 인물이다. 요나답의 등장으로 암논은 저 불가능을 타파하는 데 필요한 친구를 얻는다. 암논·요나답이 쌍을 이루는 것은 다말·압살롬과 대비된다. 또한 네 명 중 다말만이 욕정의 대상이자 잠재적 희생자이므로 평행이 흔들린다. 처음에는 두 형제가 다말을 에워싼다. 중반에는 병과 몽상적 폭력이 다말을 옭아맨다. 마지막에는 매우 꾀 많은 요나답이 다말을 뛰어넘는다. 정말로 삽화1은 다말에게 재앙의 전조다.

B. 요나답과 암논, 13:4-5 이야기는 내레이터의 담화에서 요나답과 암논 간 대화로 옮겨 간다. 꾀 많은 친구는 질문으로 시작하여 지시로 마무리하면서 욕정이 가득한 왕자를 염려와 조언으로 에워싼다. 먼저 그는 암논이 자기 상태를 설명하도록 구슬린다.[10]

> 왕의 아들이시여, 나날이 이렇게 안색이 수척해지시는데,
>> 무슨 일입니까?

나에게 말해 주지 않으시겠습니까? (13:4, RSV*)

"왕의 아들이시여"라는 호격은 가족적 지위는 물론 왕실의 지위에
초점을 두면서 현 상황의 이상함을 더 뚜렷하게 한다. 왕실 후계 예
정자이므로 약하거나 마르거나 초췌하거나 허약한[11] 모습은 어울리
지 않는다.

요나답의 접근은 성공한다. 암논이 "다말, 곧-내-형제* 압살롬의
여동생을 나는 열망하고-있소"(13:4)라고 곧이곧대로 대답하기 때문
이다. 여섯 개의 히브리어 단어로 된 문장은 구문법으로나 어휘 면에
서나 잘 구성된 문장이다. 암논이 다말에게 집착하고 있어서 동사의
목적어인 다말이 먼저 나온다. 나머지 단어들은 두운頭韻이 확연하다.
각 단어는 알레프(aleph)로 시작하면서 아마도 한숨을 쉬며 망설이는
듯한 인상을 준다. 그러다 암논은 자신의 열망을 문장의 마지막에 가
서야 드러낸다. 그는 〔인칭대명사를 사용함으로써〕 강조하여 "나는('ānî)
열망하고('hb) 있소"라고 말한다. 따라서 이 문장의 시작과 끝은 그녀
의 "이름은 다말이며, 다윗의 아들 암논은 그녀를 열망했다('hb)"(13:1)
라는 보고와 짝을 이룬다. 내레이터와 등장인물이 같은 이야기를 들
려주는 것으로 보인다.

그러나 이 고백의 중간에 있는 "내-형제 압살롬의 여동생"이라는
말은 이러한 연속성을 변경한다. 서로 형제라는 말이 처음으로 등장
하여 왕족 아들들 간의 마찰을 내비친다. "압살롬의 여동생"이라는
호칭은 다말과 암논이 가족 관계라는 사실(cf. 13:2)을 비켜 가면서 이
러한 긴장을 북돋는다. 이 문구 전체가 내레이터의 설명과는 다르게
장애물이 있음을 암시한다. 암논에 따르면 다말의 처녀성이 아니라

압살롬이 저 목적어[다말]와 암논의 욕망 사이에 서 있다. 이 남자가 제거될 수 있다면 저 여성에게 접근할 수 있게 된다. 암논은 요나답에게 "다말 곧 내 형제 압살롬의 여동생을 **나는** 열망한다"고 말한다. 이 발화 사건 안에 내레이터가 병치시킨 네 인물(cf. 13:1, 3)이 한데 모인다. 하지만 다시 말하자면, 두 쌍은 서로 균형이 안 맞는다. 압살롬과 다말은 담화 대상이고, 요나답과 암논은 이들에 대한 음모를 꾸민다.

"요나답이 그[암논]에게 말했다. '침상에 누워서 병든 체하십시오'"(13:5). 히브리어에서 첫 번째 동사는 목적어와 어근(*škb*)이 같다. 그래서 핵심어가 된다. "누울-자리에 누워서." 두 번째 명령형 동사 "병든 체하다"는 암논의 상태를 이용한 것이다. 암논이 다말 때문에 정말로 병(*ḥlh*)을 얻긴 했지만(13:2), 요나답은 아버지가 방문하도록 꾀 병(*ḥlh*)을 부리라고 권한다.[12] 이와 더불어 요나답은 암논이 할 말을 일러 준다.

> 당신의 아버지께서 당신을 보러 오시면
>> 이렇게 말하십시오.
> "내 여동생 다말을 오게 해서
>> 나에게 음식을 먹이게 해 주십시오.
>> 음식을 내 눈앞에서 해서
>> 내가 볼 수 있게,
>> 그리고 그녀 손에서 받아먹을 수 있게 해 주십시오." (13:5b)

세부 사항에 주의를 기울이면 계획이 드러난다. 암논은 압살롬의 여동생이 아닌, **자기** 여동생의 방문(*bôʾ*)을 요청하기 위해 자기 아버지의 방문(*bô'*)을 이용해야 한다. 이번에는 다말과의 가족 관계를 주장함으로써 의심을 피할 수 있다(cf. 13:4). 게다가 다말이 오래 머물러야 한다. 다말은 간병인처럼 암논에게 음식을 줄 뿐만 아니라, 시녀처럼 암논의 눈앞에서 음식을 준비해서 안목의 정욕을 채워^{feeding} 줄 것이다. "음식을 내 눈앞에서 해서(*šb*)"라는 문구는 "그녀에게 뭘 하는(*šb*) 것이 암논의 눈에" 불가능했음(13:2)을 상기시켜 준다. 음식을 먹이는 ^{feed} 것과 준비하는 것이 역순으로 나타나지만, 귀결은 적절한 순서다. "내가 볼 수 있게, 그리고 그녀에게 직접 받아먹을 수 있게."[13] 여기서 동사 '**보다**'의 목적어를 약삭빠르게 빠뜨림으로써 애매하게 만든다.[14] 이 말을 들을 때 다윗의 머리에는 '암논이 음식 준비를 보고자 하는구나' 하는 생각이 떠올라야겠지만, 독자는 암논이 다말을 보고 싶어 한다는 것을 안다. 게다가 "그녀 손에서 받아먹을 수 있게"가 그녀를 자기 손안에 가져오려는 것임을 안다.

요나답은 사실 교활하다.[15] 그는 암논에게서 방종을 원한다는 고백을 이끌어내고, 왕자를 만족시킬 계략을 세웠다. 요나답은 상담 기술을 사용하여 병을 장려한다. 암논이 형제라는 장애물을 극복하고 여동생을 차지하기 위해 아버지를 이용하도록 말이다. 요나답의 말이 암논의 말을 둘러싸면서 다말, 압살롬, 다윗이 걸려들 그물을 만들어낸다. 이 두 번째 삽화는 이 삽화 고유의 환형 구조를 통해 첫 번째 삽화의 메시지—다말이 올가미에 갇히다—를 강조한다.

C. 다윗과 그의 자녀들, 13:6-9C 이야기는 묘사(삽화1)와 조언(삽화2)에서 행동으로 옮겨 간다. 삽화3은 비록 암논의 집에서 시작해서 암논의 집에서 끝나기는 하지만, 원형 패턴들이 선형 진행으로 대체된다.

동사 '오다'(*bô*; 13:6), '보내다'(*šlḥ*; 13:7), '가다'(*hlk*; 13:7, 8)는 플롯과 장소가 이동한다는 신호다. 이전 삽화들과는 달리, 이번 삽화는 내레이션과 직접 담화가 혼합되어 있다. 내레이터와 등장인물이 결합하여 이야기를 계속해 나간다.

요나답의 계획은 다윗에게 달려 있다. "암논이 누워서(*škb*) 병든 체하니 왕이 그를 보러 왔다"(13:6a). 내레이터는 요나답의 어휘 선택과 단절하여 다윗을 아버지로 보기보다 군주로 보게 하면서, 무능한 권위를 강조한다. 왕은 왕자에게 굴복한다. 그래서 암논은 요나답의 말을 활용하여 입을 연다.[16]

내 누이 다말을 오게 해 주십시오.
내 눈앞에서 그녀가
　　　　두어 개의 떡을 만들어서(*lbb*)
　　　내가 그녀 손에서 받아먹을(*brh*) 수 있게 해 주십시오. (13:6b)

여기서 '떡을 만들다'(*lbb*)에 해당하는 특수한 동사가 나타난다. 이것은 히브리어에서 '마음'이라는 단어와의 언어유희를 내비치는데, 이런 언어유희는 현 상황과 어울린다.[17] 암논이 바라는 떡을 준비하는 다말 자체가 암논 마음의 바람이 될 것이다. 암논의 욕정은 눈으로 다말을 즐기다가 다말의 손에서 받아먹는 데 이를 것이다.

아들의 요청은 왕의 명령이 된다. 다윗은 즉시 집에 있는 다말에게 전갈을 보낸다(*šlḥ*). "왕"이 암논을 방문했지만, "다윗"이 다말에게 메시지를 전달한다. 아버지와 딸을 관련시키는 가족 관계 언어는 나타나지 않는다—재앙을 재촉하는 두 개의 명령만 있을 뿐이다(13:7).

첫째, "네 오라버니 암논의 집으로 가라." 자매형제임을 언급하는 것이 안전을 보장하는 것처럼 보인다. 둘째, "그를 위해 음식을 하거라." 명령형 '하거라'(*śb*)는 이제 암논이 자신의 처녀 여동생에게 뭘 하는(*śb*) 게 불가능하지 않음을 암시한다(cf. 13:2, 5). 다윗은 자기도 모르게 다말의 운명을 결정해 버렸다.[18]

요나답에서 암논, 다윗, 다말로 이어지면서 이야기는 점점 빨라지고, 조언에서 요청, 명령, 순종으로[19] 뉘앙스에 변화를 주면서 전개된다. 인물의 등장 행렬은 다말에서 멈추고, 일련의 행동이 이어진다. 직접 담화도 중단된다. 내레이터는 이 젊은 여성에게 집중함으로써 긴장감을 고조한다. "그래서 다말은 자기 오빠 암논의 집에 갔다(*blk*)"(13:8a, RSV*). 삽입구로 된 관찰 발언이 개입하여, 동사 '눕다'(*škb*; cf. 13:5, 6)를 이용한 빈정대는 언어유희를 이어간다. "그는 누워 있었다"(13:8b). 암논이 바로 누운 자세는 다말을 힘으로 유린하는 자세가 된다. 따라서 관심은 다말에게로 돌아온다. 세 쌍으로 된 여섯 개의 동사가 다말의 행동을 자세히 열거한다. 이 동사들은 암논의 시선을 따라간다.

그녀는 밀가루를 가져왔다.

그리고 그녀는 반죽을 했다.

그리고 그녀는 떡을 만들었다(*lbb*).

그의 눈앞에서 말이다.

그리고 그녀는 떡(*lbbt*)을 구웠다.[20]

그리고 그녀는 냄비를 가져왔다.

그리고 그녀는 차려 주었다.

그의 앞에 말이다. (13:8c-9b)

다말은 다윗에게 순종하면서 구경거리가 되었다. 암논과 내레이터와 독자들은 다말을 바라본다. 관음증이 만연한다.[21] 하지만 암논 본인은 부정한 시선으로 바라보는 것 이상을 원한다. 그는 금지된 육체를 원한다. 갑자기 그는 "먹기를 거절한다"(13:9c). 그는 자신의 욕정이 요구하는 모든 것을 가져야 하며, 이 거절은 그의 실현 방식이다. 왕자는 왕을 속였고, 공주는 왕이 속은 결과를 겪어야 한다. 이렇게 이야기는 중심부에 이르렀다.

범행: 암논과 다말, 13:9D-18

이 중앙 단락에서[22] 형식과 내용은 결함 있는 교차대구를 낳아서 등장인물들의 돌이킬 수 없는 손상을 구현한다. 암논의 명령과 이에 대한 다양한 반응으로 시작해서 명령과 반응으로 끝난다.[23] 이 수미상응 안쪽에는 암논과 다말만 참여한다. 전반부에 암논의 명령과 다말의 반응이 나오고, 그다음 둘 사이의 대화가 이어진다. 전반부와 상응하는 후반부에는 이 대화가 암논의 명령과 다말의 반응으로 와해된다.[24] 그리고 강간이 바로 교차대구의 중심을 이룬다.[25] 이러한 디자인은 앞서 원형 패턴으로[26] 나타난 메시지—다말이 강간의 올가미에 갇히다—를 확인시켜 준다.

   a 암논의 명령과 하인들의 응답(13:9de)

      b 암논의 명령과 다말의 응답(13:10-11a)

         c 암논과 다말의 대화(13:11b-14a)

            d 강간(13:14b-15b)

c'-b' 암논과 다말의 대화:

암논의 명령과 다말의 응답(13:15c-16)

a' 암논의 명령과 하인의 응답(13:17-18)

(a) 암논이 "모든 사람은 내게서 나가라(yṣ')"고 명령한다(13:9d). 사람들이 그의 명령을 따르는 모습이 동일한 언어로 나온다. "사람들이 다 그에게서 나갔다(yṣ')"(13:9e). 겉으로 보기에는 모든 증인이 자리를 떠나지만, 내레이터는 이제 펼쳐지는 악을 보고 그 여파를 독자들에게 보고하고자 남아 있다.[27] 암논에게는 모두를 사라지게 하는 힘이 있지만 한계도 있다.

(b) 다말과 단둘이 남게 되자, 왕자는 처음으로 다말에게 말을 건네지만, 다말의 이름을 부르지는 않는다. "내가 네 손에서 받아먹을 수 있게 침실로 음식(bryh)을 가져와라"(13:10a).[28] 그는 눈으로 가졌던 것을 손으로 잡으려 한다. 다말을 침실로 이동시키는 일(13:8)은 육체적 친밀함을 느껴 보려는 계획을 한 단계 진척시킨다.

전에 왕에게 순종했던 공주는 이제 암논의 지시를 듣는 동생이다. 그녀는 병들고 기만적인 오빠를 섬긴다. 다말은 아무 말도 하지 않는다. 세 개의 주요 동사 '가져오다, 가져가다, 주다'가 다말의 행동을 묘사한다. 첫 번째 동사는 이전의 행동과 평행을 이룬다. 다말은 밀가루를, 냄비를 가져왔을(lqḥ) 때(13:8)와 같이, "떡을 가져왔다(lqḥ)" 삽입구를 보면 이 떡은 다말 "자신이 만든"(ṣb; 13:10b) 암논이 바란 떡(lbbt)이다. 암논의 눈앞에서 떡을 "함"(ṣb)으로써 암논이 그녀에게 무언가를 "할"(ṣb) 수 있게 된다(cf. 13:2). "다말은 자신이 만든 떡을 가져왔다." 동사 **'가져오다'**가 그녀의 과거 행동을 가리키는 것이라면,

동사 '**가져가다**'는 현재 명령에 대한 반응이다. "그녀는 자기 오빠 암논에게 침실로 [떡을] 가져갔다"(13:10c).[29] 세 번째 행동은 침실이라는 은밀한 곳에서 다말을 암논과 직접 잇는다. "그녀는 그가 먹게끔 주었다"(13:11a). 폭력의 순간이 눈앞까지 왔다.

(c) "그는 그녀를 와락 부여잡고(*ḥzq*)"(13:11b).[30] 신속하고 강제적인 행동이 먼저 나온 다음 노골적으로 강간을 청한다. "와서 나와 눕자(*škb*), 내 누이야"(13:11c, RSV).[31] 암논은 자신에게 복종한 일련의 명령을 통해 자기 욕정을 채울 기회를 만들어 나갔다. 하지만 이번에는 이 왕족의 명령이 반대에 부딪힌다. 강간범 앞에서 다말은 공황에 빠지지 않았다. 실제로 다말은 자신의 목소리를 낸다. 암논의 안달 난 명령과 달리 다말의 침착하고 신중한 태도는 플롯의 진행 속도를 늦추지만, 방향을 바꾸지는 못한다.[32] 암논이 다말을 꾀기 위해 호격을 사용했다면, 다말은 그가 정신을 차리도록 그 말을 돌려준다.[33]

"이러지 마시오(*'al*), 내 오라버니." (13:12a, RSV)

부정문이 계속된다.

나를 욕보이지(*'nh*) 마시오(*'al*).
왜냐하면(*kî*) 이스라엘에서는 이러한 일을 하지 않습니다(*lō*).

(13:12bc, RSV*)

다말은 하나님의 법이나 내적 감정이 아니라 이스라엘 사람의 관습에 호소한 것이다. 마지막 부정은 주요 단어인 '**하다**' 동사를 반복함으로써 핵심을 강조한다.

이 어리석은 짓을[34] 하지(*y'h*) 마시오(*al*). (13:12d, RSV*)

다말은 금지에서 방향을 바꿔 암논의 요구가 어리석다는 점을 계속해서 말한다. 다말은 반어적 의문문rhetorical question으로 자신이 겪을 수모를 강조하고 자기 오빠에게 예상되는 것을 설명함으로써 결과를 따져 보게 한다.

내가(*ānî*) 나의 수치를 지니고 어디로 가겠소?
당신은(*attāh*) 이스라엘에서
　어리석은 자 중 하나가 될 것이오. (13:13ab)

암논이 욕망을 억제하지 않는다면 이는 둘 모두에게 재앙을 의미한다. 그래서 다말은 대안을 모색한다. 해결책은 이 왕국에서 최고의 인간 권위자인 다윗에게 있다. 다말은 다윗을 군주로 언급하면서 아버지와 딸 사이의 거리를 설정한다.

이제라도 왕께 말씀하십시오.
　왜냐하면(*kî*) 그는 당신에게서 나를 떼어 놓지 않을 것입니다.
(13:13c, RSV*)

그녀의 말이 거짓이 아니라서 쓰라리다. 여성이 노예나 다름없는 종속된 신세임을 인정하는 말이다. 다말은 암논이 자신을 가질 수 있음을 알고, 적절한 방식으로[35] 그렇게 하라고 간청하고 있다. 요나답도 다윗의 지원을 요청하라고 조언했지만, 그 조언과는 얼마나 다른가. 요나답은 다말과 비교된다. 지혜가 교활한 꾀와 겨룬다. 다말의 말에 비추어보면, 암논뿐만 아니라 요나답도 어리석다. 하지만 이 이야기에서 승리는 어리석은 자들의 것이다.

다말이 처음으로 입을 여는 바로 이 순간, 내레이터는 다말의 이름을 사용하지 않음으로써 다말에게 힘이 없음을 암시한다. 남성 등장인물의 직접 화법임을 알릴 때는 반복적으로 그들의 고유 이름을 사용한다. 요나답이 말했다, 암논이 말했다, 다윗이 말했다, 압살롬이 말했다. 대명사 '그'를 사용하면 충분한 곳에서도 이러한 패턴이 나타난다(예: 13:6c, 10, 15c). 반면 다말이라는 이름은 여기서든 이다음에든 (13:16a) 다말이 말문을 뗄 때 나타나지 않고, 그저 대명사 '그녀'만 존재할 뿐이다. 이 미묘한 차이가 이 여인의 처지를 내비친다. 권력이 없으면 이름도 없다. 그럼에도 불구하고 그녀는 이성과 지혜로 말하고 있다.[36]

그러나 다말의 말은 귀에 들어오지 않는다. "그는 그녀의 목소리를 들으려 하지 않았다"(13:14a). 암논은 다말을 열렬히 보고 싶어 하고 만지고 싶어 해 왔다. 암논은 이러한 감각기관을 가지고 다말을 자신이 원하는 대로 생각했기 때문이다. 그러나 다말의 목소리를 듣는 것은 별개의 문제다. 다말의 목소리가 눈과 손이 빚은 환상을 방해하고 있다. 듣는 것은 회개를 의미할 수도 있다. 그래서 암논은 다말의 목소리에 귀를 닫는 길을 택하고, 내레이터는 다말의 목소리를 거절했다고 보고한다. 암논은 자기 여동생을 전혀 신경 쓰지 않는다. 암논은 자기 욕정을 추구하려고 그녀의 의지에 반하는 행동을 한다.[37]

(d) 강간 사건은 교차대구의 중심에 있다. 중심에 위치하면서 강조되고 있긴 하지만 강간 행위는 재빠르게 전개된다. 3인칭 시점의 내레이션으로 거리를 두면서 이 테러를 보고한다. "그가 그녀보다 힘셌다. 따라서 그는 그녀를 강간했고 눕혔다"(13:14b). 여기서 사용된 동사 세개 모두 앞 부분에서 가져온 것이다.[38] "그녀를 와락 부여잡은(ḥzq)" (13:11) 이는 "그녀보다 힘세다(ḥzq)." 다말은 "나를 욕보이지('nh) 마시오"라고 간청했고(13:12), "그는 그녀를 강간했다('nh)." 암논은 "나와 눕자(škb)"고 명령했고(13:11), 이제 "그는 눕혔다(škb)." 그러나 그녀와 함께 눕지는 않는데, 히브리어는 암논의 잔인함을 강조하려고 전치사〔-와 함께〕를 생략하고 있기 때문이다. "그는 그녀를 눕혔다."[39] 동사의 반복이 암논의 행동이 예상되었음을 확인시켜 준다면, 직접목적어 '**그녀를**'은 예상을 초월한 잔인함을 강조한다. 강간 행위는 끝났다.

성폭행은 결국 욕정의 이면인 증오를 드러낸다. 내레이터는 심오한 통찰력으로 이 테러 행위를 해석한다.

            a   b   c
그러고-나서-그녀를-미워한 암논의 미움이 큰 것이 사실이다($mĕ$'ōd).

             c′   b′   a′
실제로($kî$) (더) 큰 것은 미움으로 그가-그녀를-미워한 것이며
    열망으로 그가-그녀를-열망한 것보다 더하다. (13:15ab)

Then-hated-her Amnon a-hatred great indeed($mĕ$'ōd).

Truly($kî$) great(er) the-hatred which he-hated-her

    than-the-desire which he-desired-her. (13:15ab)

이렇게 기교 있게 구성된 문장의 첫 두 줄은 단어 반복의 교차대구를 통해 다말에 대한 증오에 초점을 맞춘다.[40] 첫 줄은 미움으로 그녀를 (암논도!) 둘러싸고 있고〔영어 인용문 참조〕, 둘째 줄은 후미 강조를 통해 그녀를 공격한다. 동사 및 같은 어원의 명사는 피해자를 4번 폭행한다. 구조와 어휘가 증오를 확실하게 했는데도 문장은 끝나지 않는다. 셋째 줄은 둘째 줄과 평행한 형식으로 비교와 대조를 제공한다. 셋째 줄은 다말을 향한 암논의 감정(13:1, 4) 묘사에 **'열망'**(*ʾhb*)이라는 단어를 사용함으로써 이 열망이 줄곧 욕정이었지 사랑이 아니었음을 보인다. 욕정은 충족되고 나면 싫증으로 악화된다. 모든 애매함이 제거되면서, 두 번 나타난 **'열망'**이란 단어는 네 번 나타난 **'미움'**으로 대체된다.[41]

그러고 나서 암논은 실상 더 큰 <u>미움</u>으로 그녀를 <u>미워했다.</u>

실제로, 그가 그녀를 <u>미워한</u> <u>미움</u>이

그가 그녀를 <u>열망한</u> <u>열망</u>보다 더 컸다. (13:15ab)

충족된 욕정은 희생자를 향한 욕정의 공격성이 커지게 한다. 이 범행은 비열했고, 그 후유증은 불길하다.

(c´-b´) 암논과 다말 사이의 마지막 대화는 차츰 명령과 반응으로 변한다. 형식의 붕괴와 내용의 감소는 등장인물들이 입은 회복 불능의 상처를 보여 준다. 범행 전에는 네 개의 히브리어 단어가 암논의 열망을 표현한 반면("와서 나와 눕자, 내-누이야"[13:11c]), 이제는 두 단어의 명령이 암논의 혐오를 전달한다("일어나 가라"[13:15c]). 이제 다말을 누이라고 부르거나 다말과의 친밀감을 추구하지 않는다.[42] 오히려 그런 느낌을 비웃기라도 하듯, **'가라'**(*hlk*)라는 명령형이 애초에 다

말을 암논의 집으로 데려간 명령을 반향하고 있다. 다윗이 다말에게 가(blk; 13:7)라고 한 지시를 말이다.

이 학대당한 여인은 암논의 강간 요구에 동의하지 않았듯이 암논의 퇴실 명령도 듣지 않을 것이다. 그녀는 분노 때문에 자신의 분별력이 흐려지게 하지도 않을 것이다. 강간당하기 전 다말이 정의를 추구했다면, 강간당한 후에는 얼마나 더 추구하고 싶겠는가! 다말의 말은 전보다 더 짧아졌지만 전과 같이 단호하다. 다말의 말은 부정형으로 시작한다. "안 됩니다"('al). 이전 발화(13:12)와는 달리 자매형제지간의 호칭이 사라졌다.[43] 암논이 그랬듯이 다말 쪽에서도 가족적인 언어를 그만 사용한다. 그녀는 그에게 말했다. "안 됩니다. 나를 내쫓는 일은 좀 전에 나에게 한('śh) 일보다 더 큰 악입니다"(13:16a).[44] 내레이터가 미움이 열망보다 더 크다(gĕdôlāh mē)고 해석했다면, 다말은 강간보다 내쫓는 일이 더 크다(gĕdôlāh mē)고 생각한다. 암논은 다말을 내보냄으로써 다말에게 가한 폭력의 크기를 더 키우고 있다. 암논이 다말에게 비참함이라는 종신형을 선고한 것이다(cf. 13:20b).

다말은 강간한 다음 내쫓는 사람이 더 심한 범죄자라고 생각한다. 그럼에도 다말은 진실과 정의를 전혀 신경 쓰지 않는, 특히 면전에서 표현했는데도 전혀 신경 쓰지 않는 어리석고도 혐오스러운 사람에게 말을 건넨다. 범행 전 "그는 그녀의 목소리 들으(śm')려 하지('bh) 않았다"(13:14a). 비극이 일어난 후에도 그는 여전히 제멋대로이며 구제불능이다. 그래서 내레이터의 후렴이 나온다. "그러나 그는 그녀에게 들으(śm')려 하지('bh) 않았다"(13:16b). 그는 이 현명한 여인의 말을 두번째로 일축한다.[45] 그녀는 더 이상 입을 열지 않는다.

(a´) 교차대구의 결말은 교차대구 서두의 내용을 확장한다.[46] 암논

은 "그를 시중드는 청년에게 '이를 내게서 밖으로 내쫓고, 그녀 뒤를 따라서 문을 걸라'고"(13:17) 명령한다. 처음에 암논은 하인들이 나가고 다말이 들어오기를 바랐는데(13:9de), 마지막에는 하인이 들어오고 다말이 나가기를 바란다.[47] 암논의 두 명령은 서로 상응하지만, 히브리어 동사에는 차이가 있다. 다말을 쫓아내라(šlḥ)는 명령은 암논이 앞서 사용했던 말(yṣ'; 13:9de)을 다시 꺼낸 것이 아니라 다말이 사용한 말을 흉내 내어 조롱하는 것이다. 다말은 "나를 내쫓는(šlḥ) 일은 좀 전에 나에게 한(ʿśh) 일보다 더 큰 악입니다"라고 말했다. 그리고 암논은 이 악을 행할 수 있다. 암논은 "이를 … 내쫓고(šlḥ)"(13:17b)라고 명령하면서, 자기 앞에 있는 여인에게가 아니라 여인에 대해서 말하고 있다. 암논에게 다말은 그저 한 번 쓰고 버릴 수 있는 대상이 된 것이다. 게다가 수많은 번역본과는[48] 달리, 그는 "이 여인을 내게서 내쫓으라"라고 말하지 않는다. 히브리어에는 지시사 '이'만 있을 뿐이다. 암논에게 다말은 하나의 사물이요, 버리고 싶은 '이것'이다. 그녀는 쓰레기다. 암논의 증오심은 자기 눈앞에서 열망했던 사람을 밖으로 내보낸 다음 곧장 문을 잠그길 원한다.

그의 명령은 지연된 주목을 받는다(cf. 13:9de). "그녀 뒤를 따라서(ʾaḥăreyāh) 문을 걸라"(13:17c, RSV)는, 막간을 시작하는 내레이션인 "지금 그녀 위에는"(wĕʿālêhā; 13:18a)으로 이어진다. 암논은 그녀에게 등을 돌렸지만, 내레이터는 그녀를 보고 있다. 또다시 그녀는 관심의 중심이고, 또다시 그녀의 이름은 없다. "지금 그녀 위에는 소매 달린 긴 옷이 걸쳐져 있는데, 왕의 처녀 딸들은 예부터 이렇게 입었기 때문이다."[49] 슬프게도 이 긴 옷은 이제 다말에게 표시해 줄 것이 없다. 자식 관계의 언어나 왕족의 언어는 이 왕의 딸에게 동반된 적이 없고, 이제는 '처녀'라는 단어도 해당되지 않는다. 다말은 자신의 옷으로 숨길 수 없는 수치를 당한 희생자다(cf. 창 2:25; 3:7).

내레이터는 부서진 여인을 우리 눈앞에 세워 두고서 하인의 반응으로 돌아간다. 언뜻 보면 하인은 명령을 정확하게 이행한 것으로 보인다(cf. 13:9de). "그를 시중드는 하인이 그녀를 바깥에 내보내고, 그녀 뒤를 따라가 문을 걸었다"(13:18b). 하지만 암논의 권력이 약해지고 있다는 뉘앙스가 있다. 다말에 대한 묘사가 이미 명령과 응답 사이에 들어와서 연속성을 깼다. 게다가 하인이 명령을 수행할 때, 암논은 아이러니하게도 자기 범죄의 증거는 내보내면서 자기 자신은 잠긴 문 뒤에 가둔다. 또한 "내쫓으라"(šlḥ)는 다말의 말을 흉내 내며 조롱하는 명령형이지만(13:17), 내레이터가 이 조롱을 중단시킨다. 내레이터는 암논의 명령에 대한 하인의 순종을 보고하면서 이제까지와는 달리 처음으로 암논의 어휘를 사용하지 않는다. 그 대신 "하인이 그녀를 바깥에 내보내고(yṣʾ)"에서 사용한 동사는 전에 하인들을 내보낼 때 사용한 것과 짝을 이룬다(13:9de). 형식과 내용에서 이러한 미묘한 차이는 암논이 이스라엘에서 어리석은 자임을 넌지시 나타낸다. 암논의 마지막 말에 대한 이러한 반응은 분명 다말의 예측(13:13a)을 떠올리게 한다.

범행 이후, 13:19-22

강간 사건이 끝나면서 플롯은 사건의 여파(다말과 압살롬의 만남, 다윗에게 보고, 인물과 배경에 대한 결론적 묘사)로 이어진다. 이 세 개의 삽화는 범행 전 세 개의 삽화와 뚜렷한 차이가 있긴 하지만 그래도 서로 상응한다. 첫 두 단락(B´, C´)은 내용이나 순서에서 범행 직전의 두 단락(B, C)과 평행하다. 세 번째 삽화는 이야기의 시작 절로 돌아가고, 그럼으로써 전체의 환형 구성(즉 A, B, C, D, B´, C´, A´)을 완성한다.[50]

B´. 다말과 압살롬, 13:19-20 범행 전 요나답과 암논의 대화는 다말을 중심으로 하고, 권한을 가진 인물인 다윗에게 호소하라는 말로 끝난다. 범행 후인 지금 다말과 압살롬의 만남은 암논을 중심으로 하고, 저 대화와 짝을 이룬다. 이 만남은 압살롬의 말(13:20ab)을 둘러싸고 있는 다말에 관한 내레이터의 묘사(13:19와 20c)로 이루어진다. 내레이터는 다말의 이름을 되찾아 주지만, 다말이 계속 무력하도록 목소리를 제거한다. 실로 다말의 모습은 비참하다.

> 다말은 자기 머리에 재를 뒤집어쓰고
> > 걸치고 있던 긴 옷을 찢었다.
> 그녀는 자기 머리에 손을 얹고
> > 떠나갔는데, 가면서 울었다. (13:19)[51]

다말이 머리에 재를 뒤집어쓸 때 사용된 동사take(*lqḥ*)는 다말이 암논을 섬기는 모습을 나타냈던 동사와 같다. 다말은 밀가루를 가져왔고take, 냄비를 가져왔고, 떡을 가져왔다(13:8, 9, 10). 아픈 오빠의 생명을 회복하려고 했던 행동이 죽음과 다를 바 없는 삶을 향하도록 자신을 변화시켰다.[52] 더군다나 자신의 긴 옷을 찢는(*qrʿ*) 행위는 처녀 공주에게 저질러진 폭행을 상징한다. 강간은 그녀를 찢어(*ʿnh*) 놓았다(13:14). 다말이 자기 머리에 얹은 손은 암논이 자기 여동생을 부여잡으려고 손수

먹여달라 속일 때 언급했던 그 손이다(13:5, 6, 10, 11). 비탄의 여인 다말은 울며 떠났다.[53] 눈물이 다말의 지혜로운 목소리를 대체한다.

"그녀가 떠나갔다(*blk*)"에서 떠남을 묘사하는 동사는 별개의 다섯 사건을 통해, 이 이야기에서 다말의 행동에 대한 주기를 형성한다. 이 단어가 다말에게 처음 사용될 때 다말의 인생은 영원히 바뀌었는데, 바로 "가라"라는 명령이었다. 다윗은 "네 오라버니 암논의 집으로 가라(*blk*)"(13:7)는 말로 다말을 그 집에 보냈다. 그리고 이 동사는 직설법으로 다말의 순종을 묘사한다. "그래서 다말은 자기 오빠 암논의 집에 갔다(*blk*)"(13:8). 이 동사는 다섯 번 중 정중앙에서 특수한 의미로 사용되는데, 다말이 사용한 것이다. 다말은 암논을 설득하려고 "내가 나의 수치를 지니고 어디로 가겠소(*blk*)?" 하고 묻는다(13:13). 다말의 질문이 풍기는 비참함은 이 동사가 나머지 두 번 나타날 때 확인된다. 나머지 두 번은 첫 두 번과 서로 평행하다. 다윗의 명령과 짝을 이루는 것은 암논이 다말에게 마지막으로 던진 말 "가라"(*blk*; 13:15)이다. 물론 첫 번째 경우와 달리 다말은 이 명령에 저항하지만, 결과는 어림없다. "그녀는 떠나갔는데(*blk*), 가면서(*blk*) 울었다"(13:19d). 마지막에는 강조를 위해 고통의 울부짖음과 결합하여 이 동사를 반복한다. 이 수사의 주기가 종결되면서 다말의 행동도 중단된다.

곧이어 압살롬이 입을 연다. 압살롬의 말은 이 삽화의 중앙부를 이룬다. 이 왕자의 존재는 처음부터(13:1) 이야기를 맴돌고 있었지만, 이제야 모습을 드러낸다. 내레이터는 압살롬을 다말의 오빠로 소개하면서 계속 가족 관계를 강조한다. 압살롬은 다말에게 말을 건네며 이 가족 관계라는 주제를 전용한다.

그리고 압살롬 곧 그녀의 오빠가 그녀에게 말했다.

"네 오라비 암논이 너와 함께했느냐?

지금은 내 누이야, 그가 네 오라비니 조용히 있거라.

이 행위에 네 마음을 쓰지 말거라." (13:20ab)

압살롬의 조언은 강간한 오빠로 자기 여동생을 둘러싸고 있다. 이로써 이야기가 시작될 때부터 다말의 올가미였던 원형 구조가 반복된다. 그러나 내레이터는 어떤 변화를 암시한다. 다말의 오빠 압살롬이 다말의 오빠 암논을 지켜보고 있다. 그가 한 말의 힘은 다층적 의미가 있다. 표면상 그의 말은 강간을 용인하는 듯하고, 그것도 부드럽게만 내비치는 듯하다. 압살롬은 가족에 대한 충성을 명분으로 다말을 침묵시키고, 범죄를 최소화하고, 암논을 봐주는 것 같다.[54] 그러나 이야기 전체의 서로 맞물린 구조와 내용은 다음과 같이 다른 읽기 방식을 보여 준다. 압살롬은 오히려 다른 남성 등장인물들과 대조적으로 다말의 지지자다.

첫째, 압살롬은 요나답이 암논에게 그러했듯이 다말에게 조언자가 된다. 요나답이 암논에게 '병든 척'하라고 권한 것은 어떤 특정한 기회와 목적을 위한 위장을 조언한 것이었다. 요나답은 암논이 다말의 손에서 먹을 수 있게 다말이 음식을 하게 할 방법만 일러주었고, 속임수, 유괴, 강간 음모를 명시적인 언어로 드러내지는 않았다. 압살롬이 다말에게 건넨 조언도 복수 계획을 숨기면서 본인들만의 뉘앙스로 소통하는 것일 수 있다. "조용히 있거라 … 네 마음을 쓰지 말거라"라는 말은 어떤 기회와 목적을 위한 위장을 조언하는 것이다.[55] 압살롬은 '지금' 또는 '당분간'(cf. NJV)을 뜻하는 부사 'attāh를 명시적으로 언급하면서 저 말을 시작한다. 암논의 위장이 다윗을 속였듯이, 다말의 위장도 암논을 속일 것이다. 게다가 "너와 함께했느냐"나 "이 행위" 같은 완곡어법은 범죄를 축소하는 것이라기보다 돌려 말해야 할 만큼 경악스러운 일임을 강조하는 것이다. 완곡어법으로 입에 담을 수 없는 것을 감추어 다루는 것이다. 요나답조차 강간을 조장하면서 자기 입에 때를 묻히지 않으려 했다. 분명히 압살롬은 요나답과 맞상대하고 있다. 비록 이 오빠가 다말이 잃은 것을 조언으로 만회해 줄 수는 없지만 말이다.

둘째, 압살롬은 암논과 맞서고 있다. "그녀의 오빠 압살롬이 그녀에게 말했다. '네 오라비 암논이 너와 함께했느냐?' … 그가 네 오라비니 …." 자매형제지간을 나타내는 언어는 이야기를 여는 구절에서 압살롬과 암논이 다말을 둘러싸며 발생한 긴장(13:1)을 다시 불러온다. 암논은 다말을 꾀어서 더럽혔지만, 압살롬은 다말을 지지하고 보호한다. 문법적으로 평행한 문장들에서 두 오빠 모두 다말을 "내 누이"라고 칭하지만, 서로 지향하는 바가 다르다. 암논의 경우 욕정이 말의 형태를 만든다. "와서 나와 눕자, 내 누이야"(13:11). 압살롬의 경우 상냥함이 조언에 영향을 준다. "지금은 내 누이야 … 조용히 있거라." 게다가 압살롬은 암논의 행위를 용납하기는커녕 복수를 구상한다.[56] 여동생 다말을 통해 형제가 형제를 대적한다.

셋째, 압살롬은 다윗과 맞상대한다. 요나답과 암논은 압살롬이라는 장애물을 극복하려고 다윗을 이용함으로써 왕의 권위를 약화했다. 그러나 지금 압살롬은 다윗에게 호소하지 않고 자기 자신의 권위로 다말에게 말한다. 이 이야기의 디자인에서 압살롬의 위치 또한 그가 왕을 대체하고 있음을 나타낸다. 범행 직전에 다윗이 그 행동을 결정 지었다면, 범행 직후에는 압살롬이 그 행위를 맡아 처리한다. 왕이 아니라 압살롬이 이 삽화의 중심부에서 입을 열어 다말의 생활을 지시한다. 사실상 그는 범행 후에 입을 여는 유일한 인물로 권력을 쥐고 있고, 다말을 대신해서 이 권력을 사용할 것이다. 압살롬은 자기 여동생의 비참함을 되돌릴 수 없음에도 불구하고, 이와 같이 다른 남성 등장인물들과 다른 자리에 서 있다.

이 삽화의 마무리는 시작할 때(13:19)와 마찬가지로 다말의 파멸ruin을 강조한다. 다말은 죽음 속에 살고 있다.

> 그래서 다말은 그녀의 오빠 압살롬의 집에서
>
> 거주했고, 비참하게 지냈다. (13:20c, RSV*)

첫 번째 집에서(13:7a) 다말은 아름다운 처녀였다(13:1, 2). 오빠 암논의 집에서(13:7b, 8) 다말은 욕본 것이 되었다(13:14, 17). 오빠 압살롬의 집에서(13:20c) 다말은 비참한 동생이다.[57] 동사 **'비참하다'**be desolate(*šmm*)가 성서의 다른 곳에서 사람에게 사용될 때, 적에게 멸망한 상태(애 1:16)나 동물에게 몸이 갈가리 찢긴 상태(애 3:11)가 동반되고 있다.[58] 남자에게 강간당하고 경멸당하고 쫓겨난 다말은 슬픔을 많이 겪었으며 비통을 아는 여인이다.* 다말은 살아 있는 자의 땅에서 끊어졌고, 자기 오빠의 죄악으로 징벌을 받고 있다. 그럼에도 그녀는 폭력을 행하지 아니하였고 그의 입에 거짓이 없었다. 비록 압살롬이 미래를 계획하고 있다 하더라도, 내레이터는 다말의 현재를 끝없는 고통으로 이해하고 있다.

그래서 다말은 그녀의 오빠 압살롬의 집에서
거주했고, 비참하게 지냈다.

내레이터는 이 묘사에서 계속해서 자매형제간의 유대를 강조한다. "그녀의 오빠 압살롬"이라는 문구를 반복하면서, 압살롬의 말임을 알린 내레이션 "그리고 그녀의 오빠 압살롬이 그녀에게 말했다"와 짝을 이루게 한다(13:20a). 이 문구는 압살롬이 "네 오라비 암논"(13:20b)이라는 표현을 사용하면서 생긴 원을 둘러싸는 또 하나의 원을 형성한다. 두 원의 중심에 압살롬이 사용한 호격 "내 누이야"가 위치한다. 이는 앞서 암논이 이 호칭을 사용했던 것(13:11)과 대조를 이룬다. 오빠 암논이 자기 동생 다말을 함정에 빠뜨렸다면, 오빠 압살롬은 암논을 짓밟고 다말을 위로하기 위해 암논과 다말 모두를 에워싼다.[59] 형식과 내용 모두 압살롬이 암논을 대적할 뿐만 아니라 압도한다는 것을 보여 준다.

C'. 다윗과 그의 자녀들, 13:21 앞서 요나답과 암논의 대화와는 달리, 다말과 압살롬의 만남은 다윗에게 호소하는 것으로 끝나지 않는다. 그렇기는 하지만 강간 여파에 관한 두 번째 삽화는 내레이터의 관찰을 통해 다윗에게로 옮겨간다. "다윗 왕은 이 모든 행위를 듣고 몹시 화가 났다."[60] 히브리어 문장의 일반적 어순을 도치하여 주어를 동사 앞에 놓음으로써 다윗과 압살롬의 대비가 강조된다. 이름과 직함을 모두 사용하여 "다윗 왕"이라고 지칭하면서 차이가 강화된다. 가족 호칭이 아닌 왕실 호칭은 권력을 함의하지만, 이는 책임을 상실한 권력이다. 오빠 압살롬은 어떤 계획을 내비쳤지만, 왕 다윗은 말 한마

디도, 아무런 처리 계획도 없었다.

수용 본문received text은 왕이 "몹시 화가 났다"라고만 전한다. 한 쿰란 사본은 "왜냐하면 그는 암논이 맏이라서 사랑했기 때문이다"라고 덧붙인다. 이러한 설명은 상반되는 해석을 떠올리게 한다. 다윗은 암논이 저지른 일로 암논에게 화가 났을까? 아니면 암논에게 일어난 일에 대해 화가 났을까? 다시 말해, 맏이를 향한 아버지의 사랑은 저 범행을 용납하는 것일까, 비난하는 것일까? 그리스어 성서는 이 애매함을 제거한다. "그는[다윗은] 자기 아들 암논을 사랑하므로 꾸짖지 않았다. 왜냐하면 암논이 그의 맏이기 때문이다."[61] 다윗의 화는 암논에 대한 완전한 공감과 다말에 대한 완전한 무심함을 나타낸다. 이 이야기가 다윗과 다말을 결코 아버지와 딸로 언급하지 않은 것이 얼마나 적절한가! 아버지는 아들과 동질감을 느낀다. 간통자는 강간범을 지지한다. 여성에 대한 정의를 부정하는 일에 남자는 남자와 한패가 된다.[62] 결국 이 시대에는 이스라엘에 왕이 있고, 왕족은 자기 눈높이에 옳은 대로 행한다.[63] 그러나 다윗은 사실 올바로 화를 내는 것이 아니다(cf. 욘 4:4, 9).

A'. 결론: 인물과 상황, 13:22 이야기의 마지막 구절은 여전히 고발 중인 내레이션과 함께 이야기의 시작으로 돌아가고, 그럼으로써 전체의 수미상응을 완성한다.

압살롬은 말하지(dbr) 않았다.
　　압논에게 잘잘못을.
압살롬은 암논을 미워했는데 왜냐하면
　　그가 그의 여동생 다말에게 한 강간 짓(dbr) 때문이다. (13:22)[64]

맨 처음에 압살롬과 암논은 다윗의 아들로 소개되면서 다말을 둘러싸는 평행한 위치에 나타났다. 명확히 하자면, 이야기는 암논과 함께 진행되었지만 이름은 압살롬이 먼저 나왔다.

> 다윗의 아들 압살롬에게
>> 아름다운 여동생이 있는데, 이름은 다말이며,
> 다윗의 아들 암논은 그녀를 열망했다. (13:1)

그리고 여기 마지막에서 다윗의 이름은 다시 나올 필요가 없어서 사라졌지만, 세 핵심 인물은 계속 남아 있다. 이제 두 형제는 평행한 위치가 아니라 주어와 목적어로 만난다. 압살롬은, 다말의 말을 듣지 않고 거부한 암논에게 말하지 않는다.[65] 압살롬은 다말을 미워한(*śn'*) 암논(13:15b)을 미워한다(*śn'*). 욕정이 충족되면서 점점 커진 미움은 열망(*'hb*)을 대체한 다음 사실상 암논 자신에게 돌아왔다.[66] 그의 형제 압살롬은 권력을 잡고 여느 때(cf. 13:4)보다 큰 장애물이 된다.[67] 불길한 침묵으로 형제간의 증오를 숨기고 있다.

　다말의 위치도 바뀌었다. 이제 두 오빠가 둘러싸지도 않고 암논이 열망하지도 않으며, 이 둘의 관계 구조 바깥에 나타난다. 이야기를 여는 구절과 같이 여기서도 다말은 압살롬의 여동생으로 불리지만, 이번에는 아름다움을 나타내는 형용사가 명사를 수식하지 않는다. 그 대신 성폭행을 나타내는 동사가 목적어를 더럽히려고 따라붙는다. 그리고 다말을 여동생으로 칭하면서 오히려 저 행위의 끔찍함을 강조한다. 둘러싸여 있었던 아름다운 처녀(13:1-2)는 고립된 강간당한 여동생(13:22)이 되었다. 다말의 곤경은 압살롬이 침묵하고 미워하는 이유이며, 따라서 이야기의 후미 강조가 다말에 있는 것과(영어 인용문 참조) 잘 어울린다.

그러나 압살롬은 암논을 미워했는데 왜냐하면
그가 그의 여동생 다말에게 한 강간 짓 때문이다.

but Absalom hated Amnon on account of the deed
that he raped *Tamar his sister.*

범죄에 대한 반응

압살롬과 내레이터의 반응 이 이야기의 결론은 위협적인 분위기 및 불길한 침묵과 함께 속편을 암시한다.[68] 압살롬은 2년을 기다린다(13:23-39). 그러고 나서 압살롬은 암논이 바알하솔을[69] 방문하도록 자기 아버지를 설득한 다음, 암논이 "포도주에 취해"(13:28, RSV) 있을 때 그를 죽이라고 명령한다. 그리고 그대로 되었다.[70] 그런데 다름 아닌 꾀 많은 요나답이 다윗에게 살인 사건을 설명한다. "이는 압살롬이 그가 [암논이] 자기 여동생 다말을 강간한(*nb*) 날부터 결심했고 그래서 한 명령이기 때문입니다"(13:32, RSV*).[71] 압살롬은 도망친다. 다윗은 슬퍼하는데, 우리는 그 슬픔의 대상이 살해당한 암논인지 도망친 압살롬인지 확신할 수 없다.[72] 다만 우리가 확신할 수 있는 것은 그 슬픔의 대상이 성폭행당한 다말은 아니라는 것이다.

3년 후에 압살롬은 예루살렘에 돌아오지만, 다윗은 한동안 압살롬을 보지 않으려 한다(14:1-33). 내레이터는 이 사건들을 보고하면서 다음과 같은 설명도 포함시킨다. "온 이스라엘 중 압살롬만큼 아름다움(yph)으로 칭찬받을 만한 사람이 없었으니, 발밑에서 머리 꼭대기까지 흠이 없었다"(14:25, RSV). 여기서 '아름다움'은 한때 다말에게 사용되었던 것과 같은 단어다. 남매는 이스라엘에서 미모로 쌍벽을 이루었지만, 이제 여동생은 비참하게 지낸다. 내레이터는 이 주제에 대해 할 말이 남았는데, 압살롬에서 그의 후손으로 전환하면서 이어나간다. "압살롬에게는 아들 셋과 딸 하나가 있는데, 그녀의 이름은 다말이다"(14:27, RSV*). 놀랍게도 아들 셋을 전부 익명 처리하면서 하나뿐인 여자아이의 이름을 강조한다. 딸 다말을 통해 압살롬은 자기 여동생을 위한 살아 있는 기념비a living memorial를 만든 것이다. 아이에 대한 내레이터의 부연 설명은 압살롬이 가슴에 사무쳐 한 행동임을 확연하게 한다. 압살롬의 딸 다말은 "보기에 아름다운(yph) 여성이 되었다." 고모로부터 조카에게로 이름과 아름다움이 이어졌고, 그래서 다말 이야기의 마지막을 강간과 비참함으로 장식하지 않았다.

독자의 반응 압살롬은 기억하고, 내레이터는 기록하고, 우리 독자들은 반응한다.[73] 우리는 압살롬이 가한 폭력적인 복수에는 찬성할 수 없다 하더라도, 압살롬이 자기 동생에게 보인 연민을 우리 것으로 삼을 수는 있다. 그러다 보면 어느 잠언 구절과의 괴리를 생각해 보게 된다. 젊은이에게 교과서와 같은[74] 잠언은 종종 교훈을 목적으로 여성을 이용한다. 이방 여인은 사악한 여인을 상징하고, 지혜 귀부인은[75] 이 사악한 여인에게서 남성을 보호할 수 있다.[76] 이런 대조는 선생이 젊은이를 훈계할 때 흔히 사용된다.

지혜에게 "너는 내 누이라" 말하고,

　　혜안을 네 절친한 친구라 칭하라.

그가 문란한 여성에게서, 부드러운 말로 유인하는 이에게서

　　너를 지키도록. (잠 7:4-5, RSV*)

　　잠언은 오직 여기에서만 지혜를 "누이"로 부른다.[77] 우리는 이 가족적 호칭을 보며 우리의 이야기를 연상하게 된다. 암논이 지혜로운 이를 일컬어 자기 누이라 하기 때문이다.[78] 하지만 이 지점에서 아이러니가 시작된다. 암논은 "와서 나와 눕자, 내 누이야"라고 요구했고, 이 호칭은 그의 욕정을 채우기 위한 호칭으로 왜곡되어 전락한다. 다말은 지혜롭게 대답했다.

　　이러지 마시오, 내 오라버니.

　　나를 욕보이지 마시오.

　　　왜냐하면 이스라엘에서는 이러한 일을 하지 않습니다.

　　이 어리석은 짓을 하지 마시오. (13:12, RSV*)

암논이 다말을 강간한 후에도, 다말은 계속해서 지혜로운 말을 한다.

　　안 됩니다. 나를 내쫓는 일은

　　　좀 전에 나에게 한 일보다 더 큰 악입니다. (13:16)

　　암논은 지혜로운 여인 다말에게 말할 때 "너는 내 누이라" 하는 저 잠언의 첫 구절을 충실히 따른 셈이다. 하지만 그가 충실히 받아들임

으로써 왕실이 지혜를 강간하는 사건이 벌어졌다. 그의 행동에 비추어 보면, 다음의 평행 문구는 대비를 두드러지게 한다. "혜안insight을 네 절친한 친구라(또는 친척이라) 칭하라call." 암논은 이 조언도 왜곡했다. 암논은 그의 절친한 친구로 꾀 많은 요나답을 선택했고, 요나답은 욕정 가득한 왕자의 육안sight을 만족시킬 계획을 제공했다. 이 친족에게서 혜안이 아니라 사악한 발상이 나왔다.

암논은 지혜에게 "너는 내 누이라" 말하고 절친한 친구에게 혜안을 청함으로써call for "문란한 여성에게서, 부드러운 말로 유인하는 이에게서" 실제로 자신을 지키게 되었다. **그녀**는 결코 그를 유혹하는 이가 아니었다. 그의 악은 그 자신의 욕정이었고, 그 욕정으로부터 다른 사람들이 보호되어야 한다. 따라서 암논의 행동은 이 잠언에 상정된 여성 혐오적인 것을 드러내서 다른 관점으로 볼 수 있게 영감을 준다. 게다가 다말을 향한 연민은 새로운 시선을 요구한다. 지혜 누이가 젊은 남성을 문란한 여성에게서 보호할 수 있다면, 누가 지혜 누이를 문란한 남성에게서 보호할 것인가? 이방인이 아니라 바로 자기 오빠가 문란한 남성을 상징하고 있는데 말이다. 부드러운 말로 유인하고 음탕한 눈으로 보고 손으로 덥석 움켜잡는 강간범에게서 누가 지혜 누이를 지킬 것인가? 이스라엘의 지혜는 이 물음에 답하기에 부족하다는 것이 드러났다―**우리도 그렇다.**

이름없는여인
베들레헴 출신의 첩

그녀의 몸은
많은 사람을 위하여
떼어 준 바 되었다.

3장

이름 없는 여인

상상을 초월한 폭력

사사기 19:1-30

어느 이름 없는 여인이 당한 배신, 강간, 능멸, 살인, 신체 절단은 우리가 잊고 싶은 이야기지만 또한 말해야 하는 이야기다. 이 이야기는 남성에 대해서는 권력, 잔인성, 승리주의의 참상을, 여성에 대해서는 무력함, 학대, 소멸의 참상을 그린다. 이 이야기를 듣는다는 것은 폭력이 수그러들지 않아서 본체만체할 수 없는 세계에 산다는 것이다.

사사기 끝에 있는[1] 이 이야기는 지도자가 부족하고 하나님이 거의 나타나지 않으며 혼란이 이스라엘 지파를 지배했던 시기를 반영한다. 신명기계 편집자는 이 시기를 "그 때에 이스라엘에 왕이 없으므로"라는[2] 고발로 특징짓는다. 무엇이 없다는 것은 무엇이 있다는 것을 설명해 준다. 즉, "사람man(岛)마다 자기 소견에 옳은 대로 행하였다."[3] 이러한 내적 무정부 상태는 폭력과 복수를 낳는다. 베냐민 지파에 대한 내러티브는 이를 충분히 보여 준다(19-21장).[4]

우리는 이 베냐민 전승을 구성하는 세 막[5] 중 첫 번째 막에 주의를 기울일 것이다.[6] 디자인을 살펴보면, 도입부(19:1-2)와 결론부(19:29-

30)가 두 장면(19:3-10과 19:15b-28)을 둘러싸고 있고, 막간이 두 장면을 분리한다(19:11-15a). 이 첫 번째 막은 지리상으로 더 큰 배경인 이스라엘을 무대로 하여, 에브라임 산지에서 시작하고 마치면서 순환적으로 이동한다. 유다 베들레헴이 장면1의 장소고, 베냐민의 기브아가 장면2의 장소다. 여부스에 초점을 둔 막간은 서로 떨어져 있는 두 장소를 이어 주는 다리다. 두 장면은 내용상 환대의 본보기다. 첫 번째 장면은 가족 모임을, 두 번째 장면은 공동체의 접대를 그린다. '집'(byt) 내지 '고향'(byt)이라는 단어의 빈번한 사용은 두 장면의 공통 주제를 강조한다. 대조적으로 막간에는 이 단어가 나타나지 않는다. 여부스는 이방 도시이기 때문이다.

등장인물은 주로 남자다. 레위인, 그의 수행인(nʿr),[7] 아버지, 노인, 남자 무리가 등장한다. 여자 등장인물은 두 명으로, 핵심 인물인 첩과 거의 주목을 받지 못하는 처녀 딸이다. 등장인물 모두 이름이 없다. 남성들은 입을 열고 심지어 남자 하인도 입을 열지만, 여성들은 입을 열지 않는다. 대부분이 이 막에만 나타나는 등장인물인데, 우여곡절 끝에 폭력적 죽음에 이르는 기구한 삶이라는 가장 중요한 주제에 각자 나름대로 기여한다. 이 죽음에 이르는 길은 다사다난하며tortuous 고통스럽다tortuous. 우리의 과제는 이 첩과 함께 여행하는 것이다. 그녀의 동행이 되어 문학적이고 해석학적인 과제를 수행하는 것이다.

도주

도입부: 사사기 19:1-2

내레이터는 첫머리에서 양극단의 성별, 지위, 지리를 통해 두 명의 주인공을 소개한다. "에브라임 두메산골에 거하는 레위인 남자"와 "유다 베들레헴 출신의 첩인 여자"가 대조를 이룬다(19:1). 이 묘사는 구조적으로 상응한다. 남자('îš)와 여자('iššâ)의 신원이 평행하게 확인된다. 정확한 위치가 특정되지 않은 북쪽 에브라임 산골 외진 곳은 접근성 좋고 잘 알려진 남쪽 베들레헴 마을과 나란히 나온다. 레위인과 첩이라는 표현도 문구 중간에 나타나면서 짝을 이룬다. 하지만 두 단어의 의미는 거센 불협화음을 낸다. 레위인은 사회에서 영예로운 지위를 차지하고 다른 많은 남성보다 자신을 우위에 두지만,[8] 첩은 낮은 신분으로 자신을 다른 여자보다 아래에 둔다. 그녀는 법적으로나 사회적으로나 아내와 동등한 지위가 있는 존재가 아니라 사실상 노예이며 남성이 자기 목적을 위해 얻은 존재다.[9] 이 여는 문장의 문법과 구문은 불평등하다는 점을 활용하고 있다. "에브라임 두메산골에 거하는 레위인 남자는 자신을 위해 유다 베들레헴 출신의 첩인 여자를 취했다." 레위인은 주어고 그녀는 목적어다. 레위인은 그녀를 지배한다. 우리는 레위인이 그녀를 어떻게 얻었는지 모르지만, 레위인이 그녀를 소유하고 있다는 점은 확실하다.

그런데 그다음 문장을 읽으면 놀란다. 주어와 목적어가 서로 바뀌기 때문이다. 지위가 낮은 첩이 행동한다(19:2). 아마도 예상치 못한 그녀의 주도권이 그녀의 행동을 이해하는 데 혼란이 발생한 이유를 설명해 주는 듯하다. 두 가지 사본 전승이 남아 있다.[10] 히브리어 사본(MT)과 시리아어 사본은 이 레위인을 거슬러 "그의 첩이 음행했다"라고 하는 반면, 그리스어 사본과 구 라틴어 사본은 "그의 첩이 그에게 화가 났다"고 한다. 여기서 쟁점은 피해당한 쪽이 누구냐다. 첩이 레위인을 두고 부정한 일을 저질렀는가, 아니면 레위인이 첩을 화나

게 했는가? 고대 사본들은 서로 모순되는 답을 한다. 어느 쪽으로 읽
든 이야기 자체와 충돌하지는 않는다. 하지만 모든 사본이 첩의 그다
음 행동에 관해서는 일치한다. 그녀는 레위인에게서 떠나 "유다 베들
레헴에 있는 그녀 아버지의 집에 가서 거기서 넉 달 정도 머물렀
다"(19:2; cf. 19:3b). 이 여인은 자기 고향 땅으로 돌아와서 자신과 자기
주인[11] 사이의 거리를 벌렸다. 그녀는 그의 첩으로 불렸지만 그를 버
린 것이다.[12] 그녀가 고향으로 돌아간 행동은 세 번째 인물을 등장시
켜서 또 다른 양극단을 설정한다. 딸을 가운데 두고 아버지와 주인은
대치한다. 긴장의 해소는 장면1로 미루어진다.

추적과 무시

장면1: 사사기 19:3-10

이 장면은 세 개의 삽화로 구성된다. 베들레헴으로 가는 주인의 여정
(19:3abc), 그녀 아버지의 집 방문(19:3d-9), 아버지의 집을 떠남(19:10).[13]

A. 삽화1, 19:3ABC "그녀가 그를 떠나서 갔(*hlk*)"듯이, 이제 "그가 그녀
를 쫓아서 갔다(*hlk*)"(19:3). 그러나 그가 쫓아갔다는 사실로 그녀가
도주한 이유의 애매함이 해결되지는 않는다. 히브리어 본문은 그가
"그녀의 마음(*lēb*)에 말하여 그녀를 데리고 돌아오려고"[14] 쫓아갔다
고 한다. "마음에 말하다"라는 말은 안심시키기, 위로, 충실, 사랑을
내포한다. 이 문구로 여성을 향한 남성의 행동을 묘사하는 다른 구절
들을 보면, 여성이 피해당한 쪽일 수도 있고 잘못을 저지른 쪽일 수
도 있다. 예를 들어 세겜은 레아와 야곱 사이에서 난 딸 디나를 강간

한 후 디나에게 끌렸다. 그래서 "그는 이 젊은 여성을 사랑하여 그녀의 마음에 말했다"(창 34:3). 반대로 호세아의 예언에서 신실한 연인인 야웨는 자신의 부정한 신부 이스라엘을 회복시키고, 빈들로 데려가서 "그녀의 마음에 말하기"로 약속한다(호 2:14[16]). 따라서 레위인이 자기 첩의 마음에 말한다는 것은 잘잘못을 명시하는 것이 아니라 그녀를 향한 사랑을 나타내는 것이다. 내러티브는 첩이 떠난 것에 대해 아무런 비난도 하지 않는다. 게다가 내러티브는 주인을 공감적으로 그리고 있다. 여인에게 죄가 있든 없든, 그는 화해하려 하는 중이다. 그는 수행인과 나귀 두 마리와 함께 "그녀 아버지의 집"을 향해 떠난다(19:3b). 이 단락 마지막에 나오는 "그녀 아버지의 집"이라는 문구는 도입부 마지막에 나오는 같은 문구(19:2)와 짝을 이룬다. 레위인과 첩의 만남이 아니라 장인의 환대가 삽화2를 지배하고 있기에, 이러한 어휘로 말하고 있는 것이다.

B. 삽화2, 19:3D-9 길이가 점점 줄어드는 세 번의 기간(삼 일, 그리고 또 하루 밤낮, 그리고 마지막 날 낮)은 주인의 베들레헴 방문을 특징짓는다. 장인이 이 기간을 지배한다. 비록 점차 힘이 줄어들긴 하지만 말이다. 장인의 우세함이 꺾이면서 방문도 끝난다. 눈에 띄는 점은 기간의 길이가 점점 줄어들수록 해명은 늘어나고, 따라서 떠날 때가 가까워질수록 더 긴 말로 지체시킨다.[15] 내러티브가 늘어나는 것과 긴장이 고조되는 것이 서로 상응한다. 이러한 패턴은 공포의 핵심인 장면2를 암시한다. 장면2에서는 가장 짧은 시간이 가장 긴 내러티브와 가장 큰 긴장을 낳는다.

장인은 기쁘게 이 주인을 맞이한다. 이 둘이 연합하면서, 이들을 하나로 모은 여인은 이 장면에서 서서히 희미해진다. 실로 이런 식의 동양적인 환대는 남성의 유대를 위한 활동이다.

그의 장인, 곧 젊은 여인의 아버지는

그를 머물게 했다.[16]

그는 그와 함께 사흘 동안 머물렀고

그들은 먹고 마시고 밤을 지냈다.[17]

넷째 날 그들은 아침 일찍 일어났고,

그는 가려고 일어섰다. (19:4-5a)

복수형 대명사에서 단수형 대명사로, '그들'에서 '그'로 전환은 어느 동사에도 저 여인이 들어가 있지 않음을 보여 준다. 두 남자가 일어났고, 한 명은 떠날 준비를 했다. 여기서 직접 담화는 아버지의 바람을 이루게 한다. 자기 첩의 마음·heart에 말하려고(11:3a) 온 주인에게, 아버지는 "떡을 조금 먹어 자네 속heart을 든든하게 하고 나서 가시게"(19:5b, RSV)[18]라고 말한다. 복수형 동사 "가시게"는 단수 명령형 "든든하게 하고"와 대조된다. 이 복수형 동사에 수행인 및 나귀와 더불어 여인이 포함된다면, 이어지는 행동은 명백히 여인을 뺀 것이다. "그래서 두 남자가 앉아서 함께 먹고 마셨다"(19:6, RSV). 여성은 먹지도 마시지도 않고 교제에도 참여하지 않지만, 남성들은 이 모든 것을 즐긴다. 게다가 젊은 여인의 아버지는 후한 환대를 통해 주인의 결심을 누그러뜨린 다음 주인을 다시 붙들어 놓으려 한다. "부디 남아서 자네 마음을 즐겁게 하게"(19:6). 장인은 주인의 저항에 부딪히긴 하지만 성공한다. 주인은 "앉았고 유숙했다"(19:7). 이렇게 넷째 날도 앞서 사흘을 지낸 것(19:4)처럼 마무리된다.

마지막 기간에는 아버지의 말이 두 번 나온다. 말수가 더 늘어난 아버지의 말은 내레이션을 보충한다(19:8-9). 이전 시기들과 비슷한 점도 있지만, 중요한 변화가 나타난다. 전날과 달리, 두 사람은 함께 일어나지 않는다. "그는[주인은] 다섯째 날 아침 일찍 일어나 떠나려고 했다"(19:8ₐ). 두 남성 간 하나 됨이 끝나기 시작했다. 그럼에도 불구하고 장인은 자기 손님을 붙잡아 놓는다. 장인은 "자네 속을 든든히 하시게나" 하고 간청했다(19:8ᵦ). 그의 요청으로 거의 온종일 지속되는 대접이 시작된다(19:8ᵪ).[19] 마지막에도 두 남자가 함께 먹고(19:8ᵈ), 또다시 여인을 제외한다(cf. 19:6).

주인은 그런 다음 바로 가려고 일어섰다―자기 혼자가 아니라 첩과 수행인도 일어섰다(19:9ₐ). 내레이터가 첩과 수행인까지 명시한 것은 주인의 의사가 단호함을 나타내지만, 아버지는 마지막으로 한번 붙들어 놓으려 한다(19:9). 그는 보통 '**보라**'로 번역되는 히브리어 단어 *hinnēh*를 두 번 사용하여 자기 메시지를 강조한다.[20] 그는 밤길 여정이 위험하다고 말하며, 자신이 대접할 테니 머물라고 한다.[21] 그리고 다음 날 아침 일찍 출발하게 해 주겠다고 약속한다. "내일 아침 일찍 일어나 이동해서 자네 천막으로 가게나"(19:9ᵪ). 천막을 언급한 것은 분명 풍성한 접대가 있는 "아버지의 집"에 비해 형편없음을 슬쩍 드러낸 것이다(19:2, 3ᵦ). 남자 간 경쟁이 하나 됨을 대체한다. 하지만 아버지가 여러 말로 권해도 설득력이 없다. 그는 말을 많이 할수록 얻는 것이 적다. 반면 아무 말 없던 주인이 승자로 부상한다.[22]

두 남성 간 힘겨루기는, 둘을 하나 되게 했으나 두 남자와 내레이터가 이제까지 무시해 온 여인의 곤경을 부각한다. 아버지와 달리 딸은 말이 없다. 주인과 달리 첩은 힘이 없다. "그녀의 마음에 말하기" 위해 떠났던 여행은 그녀에게 한마디 말도 없이 남자들의 마음을 채우기 위한 방문이 되었다. 주인은 자신이 착수한 일을 다른 남자와의 경쟁과 접대를 즐기기 위해 그만두었다. 여인은 방치되어 고통받고 있다.[23]

C. 삽화3, 19:10 삽화3은 삽화1과 나란히 놓고 보면 간결하다는 점에서는 짝을 이루지만, 내용 면에서는 대조된다. 주인은 앞서 베들레헴으로 여행을 떠났던 것처럼 이제는 베들레헴을 떠난다. 그는 떠나고 싶어서 저녁 무렵 여행하는 위험을 무릅쓴다. 내레이터는 주인을 "여부스(즉 예루살렘) 맞은편"[24]에 데려다 놓음으로써 재빨리 거리를 벌린다. "나귀 두 마리, 첩, 수행원"이 그와 함께 있다. 앞서 베들레헴에 도착했을 때는 두 가지 소유물, 곧 수행원과 한 쌍의 나귀가 있었는데, 여부스에서는 주인이 세 가지와 함께 나타나고 여인은 이 범주에 들어간다. 장면1은 이렇게 끝난다.

무시가 계속되는 막간

사사기 19:11-15A

나그네들은 늦게 출발했으므로 당일에 에브라임까지 갈 수 없었다. 그래서 내러티브에 의사 결정을 위한 막간이 있다. 막간은 여부스 근방에서(19:11a) 시작하여 기브아에서 끝난다(19:14-15a). 수행인과 주인은 이 거리 이동에 관하여 대화한다(19:11b-13).[25]

수행인은 여부스에서 일행이 묵자고 제안하지만(19:11), 주인은 처음으로 입을 열면서 반대하는데 왜냐하면 여부스가 "이스라엘 민족에

속하지 않은 이방인의 도시"(19:13, RSV)이기 때문이다. 그는 기브아나 아니면 라마로[26] 강행하는 길을 택한다. 그의 판단은 일리 있지만, 그는 이방인의 지역이 아닌 동족의 지역에 머물겠다는 자신의 결정이 가져올 폭력의 아이러니를 알지 못한다. 두 남성이 서로 의견을 주고받으면서 여성을 또다시 무시한다. 그들은 그녀에게 오늘 밤 어디서 묵는 것이 좋을지 묻지 않는다. 수행원이 주인 밑에 있다면, 그녀는 이 두 남성보다 아랫사람이다. 그녀가 종이라서가 아니라 여자라서 힘이 없는 것이다. 그녀는 나귀들(11:3b)과 마찬가지로 "기브아에 가서 하룻밤 묵으려고 가는 그들" 속에만 포함될 뿐이다. 장면2의 무대가 정해졌다.

성폭행으로 받는 관심

장면2: 사사기 19:15B-28

앞서 주인이 장인의 집을 방문했을 때 긴장이 고조되면서 내러티브의 길이도 늘어났다. 이렇게 갈등과 길이가 같이 변하면서 장면2의 전개를 예고했다. 이 장면이 펼쳐지는 시간은 기브아에서의 하룻밤이지만, 길이는 베들레헴에서 닷새 동안의 이야기를 훌쩍 넘는다. 등장인물도 많아진다. 물론 주인이 여전히 중심인물이다. 장면1과 같이 이 장면도 동양적 환대의 본보기다. 그러나 장면2는 폭력 사가가[27] 된다. 두 개의 삽화가 사건을 구성한다. 첫 번째 삽화의 무대는 기브아 광장에서 어느 집으로 이동하고(19:15b-21), 두 번째 삽화는 그 집에서 집 밖으로 나갔다가 다시 돌아온다(19:22-28).

A. 삽화1, 19:15B-21 이 삽화는 내레이션(19:15b-17a과 19:21)이 남자들

간의 대화(19:17b-20)를 둘러싼다. 그리고 대화는 이 패턴을 반복한다. 즉 노인이 하는 두 번의 말(19:17b와 19:20)이 주인의 말(19:18-19)을 둘러싼다. 이 단락의 대칭에서 핵심은 '**집**'(*byt*)이라는 단어다. 이 단어는 시작할 때 한 번(19:15b), 마지막에 한 번(19:21), 가운데 두 번(19:18) 나타난다.[28] 그리고 환대가 단연코 중요한 문제가 된다.

주인은 기브아 성읍에 들어간다.[29]

그가 들어가 성읍 광장에 앉았지만,

아무도 그들을 자기 집에 데려가 묵게 하지 않았다. (19:15b, RSV*)

예루살렘이 "이방인의 성읍"이라서 거부했던 주인은 기브아 사람 중에서 받아 주는 사람이 없음을 알게 된다. 이 지파의 마을은 낯선 장소가 된다. 게다가 이곳에 임시로 거주하는 새로운 등장인물을 소개하면서 아이러니가 고조된다.[30]

마침(*hinnēh*) 어느 노인이

저녁에 일을 마치고 오고 있었다.

이 사람은 에브라임 산지 출신인데,

기브아에 거류 중이었다.

이곳 주민들은 베냐민 사람이었다. (19:16, RSV)

이 지역 사람이 아니라 사실 주인이 사는 지역 출신인 베냐민 거류민은 환대를 제공할 것이다. 지역 토박이들이 제공하지 않는—그 결과는 모질게 경계 짓는 동네임이 드러날 뿐—것을 말이다.

그 노인은 눈을 들어 성읍 광장에 있는 나그네를 본다. 노인은 "어디로 가는(*hlk*) 중이고 어디에서 왔소(*bô'*)?" 하고 묻는다(19:17, RSV*).[31] 노인은 현재 상황이 아니라 목적지와 출신지를 물었지만, 주인은 세 가지를 한데 얽어 대답한다(19:18). 주인은 첫 번째 말에서 자기 일행을 포함시켜서 현 상황을 설명한다.

우리는 유다 베들레헴에서
    에브라임 두메산골로 넘어가고 있습니다. (19:18ₐ, RSV*)

그다음에는 오직 자신의 출신지와 목적지만 말한다.

나는 거기[에서 왔습니다].
나는 유다 베들레헴에 갔다가
이제 내 집으로 가는 중입니다.[32] (19:18ᵦ)

그는 마지막에 자기 일행을 포함시키지 않고 현 상황으로 돌아온다. "아무도 **나를** 자기 집으로 데려가지 않습니다"(19:18ᵪ). 그의 말은 내레이션(19:15ᵦ)을 반향하면서도 달라진다.[33] 주인은 계속해서 말한다. 밤을 보낼 곳이 필요한 주인은 이 나그네들이 노인에게 짐이 되지 않을 것이라고 확신시킨다.

우리에게는 나귀가 먹을 짚과 여물도 있고,
또한 나와 당신의 여종이 먹을,
    그리고 당신의 종과 함께한 수행원이 먹을 떡과 포도주도 있습니다.

부족한 것이 없습니다. (19:19)

주인은 사실을 말하고 있을까, 아니면 하룻밤 머무를 확률을 높이려고 식량이 있는 척하는 것일까? 환심을 사려는 두 번의 말재간이 의심을 불러일으킨다. 그는 자기 첩을 노인의 소유물처럼 언급하고, 그럼으로써 첩을 미끼로 바친다. 그는 "당신의 종(들)"이라는 표현을 사용하여 자기 자신도(혹은 일행 전체도) 비하하고, 그럼으로써 노인에게 아첨한다.[34] 진실이 무엇이든 간에 이 창의력은 결실을 본다. 주인은 원하는 것을 얻는다. 노인은 이렇게 말했다.[35]

그대에게 평안이 있기를.
그대에게 필요한 것은 전부(*raq*) 내가 챙겨드리겠소.
오로지(*raq*) 광장에서 밤을 지내는 것만 하지 마시오. (19:20, RSV*)

내레이터는 이 삽화를 마무리하면서 삽화를 시작할 때 언급한 위험을 누그러뜨린다. "아무도 그들을 자기 집에 데려가 묵게 하지(*ṣp*) 않았다"(19:15b)는 "그가 그를 자기 집에 데려갔다(*bôʾ*)"(19:21a, RSV)에 사실의 지위를 양도한다. 복수형 '그들을'에서 단수형 '그를'로 전환되면서 주인의 언어를 반향한다(19:18c). 이는 예언이기도 하다. 주인은 집 안에서 안전하지만, 여인은 그렇지 않다. 그러나 당분간은 나그네들이 발 씻고, 먹고, 마신다.[36] 노인은 나귀에게 여물을 준다(19:21).[37] 환대가 우세한 상황이다. 하지만 집 안에서의 안전이 바깥 위험을 막지는 못한다.

B. 삽화2, 19:22-28 장면2의 두 번째 삽화는 집에서 시작하여 바깥으

로 이동했다가 다시 집으로 돌아온다. 이 세 번의 이동이 삽화의 내용을 구성한다. '집'(byt), '문'(dlt), '문간'(ptḥ)이라는 단어를 사용한 언어유희 작용이 두드러진다. '집'이라는 말은 이야기 전체에 걸쳐 주제와 관련된 여정을 이어가면서, 이 삽화의 세 부분에 모두 나온다. 완전히 새로 등장한 단어인 '문'과 '문간'은 첫 부분과 둘째 부분에서는 번갈아서, 세 번째 부분에서는 함께 나타난다. 문과 문간은 환대와 적대의 경계를 상징적으로 나타낸다. 폭력이 난무하는 이 밤 내내 오직 이 여성만이 저 경계를 건넌다. 남성들은 경계선을 확실히 한다.

1. 집 안에서, 19:22-25B. 첫 번째 부분은 내레이션이 직접 담화를 둘러싸는 구조로 되어 있고, 잔치로 시작한다. 집 안에서 나그네들은 "자기들 마음을 즐겁게 하고(yṭb) 있다"(19:22). 이 문구는 소녀의 아버지가 주인에게 "자네 마음을 즐겁게 하게(yṭb)"(19:6, 9) 하며 권하던 베들레헴에서의 환대의 날들을 떠올리게 한다. 더 거슬러 올라가면 이 기억은 주인이 베들레헴에 가게 된 동기, 즉 "자기 첩의 마음에 말하여"(19:3)라는 문구와 이어진다. 그러나 지금까지 그녀에게 말 한마디 하지 않았다. 그는 그녀 대신 다른 남성들에게 관심을 쏟았다. 그의 장인, 그의 수행인, 그리고 이제 자기와 동향인 노인에게 말이다.

이 향연이 한창일 때,

갑자기(hinnēh) 성읍의 남자들,
　　곧 불량한 자식들이
　집을 에워싸고 문을 두드렸다.
그리고 그 남자, 곧 집주인에게 소리쳤다.
　　그 노인에게 말이다. (19:22)

위험이 홍의 문을 두드린다. 양쪽에 대한 추가적인 설명은 그들의 다툼을 예고한다. 기브아의 남자들은 "불량한 자식들"이고,[38] 노인은 "집 주인(ba'al)"이다. 남자의 힘과 남자의 힘이 마주하고 있다. "당신 집에 들어온 남자를 끌어내라. 우리가 그를 알아야겠다"(19:22e, RSV). "그를 알다"라는 문구는 그 자체로는 애매할 수 있지만,[39] 불량한 남자들의 입에서 나온 말이라 최악의 의미를 떠올리게 된다. 그들은 저 손님을 성적으로 폭행하고자 한다. 집주인 남자는 단호히 "이러지 마오, 내 형제들아" 하고 대답한다.[40] 이 호칭은 아이러니한데, 아마도 불량배를 달래기 위한 말인 듯하다. 그는 이어서 자기 남자 손님을 금지라는 보호막으로 에워싸며 말한다.

그렇게 나쁜 짓을 하지 마시오.

이 남자가 내 집에 들어온 것을 봐서

이런 고약한 짓(nĕbālāh)을 하지 마시오.[41] (19:23, RSV)

그러나 집주인은 금지 이상의 일을 할 수 있다. 그는 대안을 제시할 수 있다. 그는 금지의 부족함을 메우기 위해 다른 허가를 내준다. 강조의 히브리어 단어 hinnēh로 자신의 제안을 소개함으로써 그 제안이 긍정적임을 강조한다. 그는 "이제 보시오(hinnēh), 내 처녀 딸과 그의 첩이 있소!"(19:24) 하고 외친다. 그는 불량배 "형제들"로부터 남자 하나를 보호하려고 여자 둘을 대상으로 제공한다. 두 여성 중 하나는 자신의 뼈 중의 뼈요 살 중의 살인 바로 자기 딸이다. 또 다른 여성은 자기 손님에게 속한 자다. 게다가 이 두 여성은 이성애적 성적 취향을 전반적으로 만족시킬 수 있다. 한 명은 처녀라는 특성이 있다. 다른 한 명은 노련하고 경험이 많다. 둘 다 사악한 남성들의 요구를 처리하는 데 소모될 수 있다. 정말로 집주인은 이 여성들을 넘겨주려 한다. 그는 "그들을 끌어내 주겠소" 하고 제안한다.[42] 남성 보호자는 포주가 된다. 게다가 그가 자신의 남성 손님을 보호하기 위해 부정 명령문을 두 번 사용한 것처럼, 자신의 여성 포로들을 위험에 내주기 위해 긍정 명령을 두 번 사용한다.

그들을 겁탈하고,
당신들 눈에 좋은 것을 그들에게 하시오. (19:24)

이 집주인은 두 여성을 사용하는 방식에 어떤 제약도 두지 않고 있다. 그는 불량배들에게 두 여성을 강간해도 된다는 허가증을 준 것이다. 부정형 명령인 그의 마지막 말은 이 점을 강조한다. "그러나 이 남자에게는 그런 고약한 짓(*nĕbālāh*)을 하지 마시오"(19:24). 남자에게 하면 그런 행위가 고약한 짓이고, 여자에게 하면 남자들 눈에 "좋은"[43] 일이다. 이와 같이 노인은 남성들 사이에서 양쪽에 각기 원하는 것을 주려고 중재하고 있다. 어떤 남성도 침해당하지 않는다. 모든 남성이, 불량배조차도 자신이 바라는 것을 얻게 될 것이다. 남성들 사이의 갈등이 여성들의 희생으로 해결될 수 있다.

고대 이스라엘 전승에 익숙한 사람은 끔찍한 기억이 떠오를 것이다. 옛날 옛적 두 사자가 롯을 찾아가 만나려고 소돔 성읍에 왔다. 롯은 우리의 노인과 비슷하게도 토박이가 아니라 거류민이었다.(창 19:1-29).[44] 롯은 이 이방인들이 자기 집에 들어오도록 권했다.[45] 향연이 이어졌고, 그런 다음 그들은 잠자리를 준비했다. 바로 그때 젊은이에서 노인에 이르는 소돔 남자들이 그 집을 에워쌌다. 기브아에서는 불량배가 일부 남자 주민이지만, 소돔에서는 모든 남자가 "우리가 그들을 알려 하니"(창 19:5) 롯에게 손님들을 내놓으라고 요구하였다.

에브라임 출신 노인이 자기 집 문을 두드리는 이들에게 말하려고 나갔듯이(삿 19:23), 롯도 이 남자들에게 말하려고 문밖으로 나갔다(창 19:6). 두 주인의 말은 사실상 같다. 롯은 "내 간청하니, 형제들이여, 이 사악한 짓을 하지 마시오"(창 19:7, RSV)라고 애원했다. 그런 다음 대안을 제시했다. "이제 보시오(hinnēh), 나에게 아직 남자를 모르는 두 딸이 있소"(창 19:8; cf. 삿 19:24). 노인이 자기 혈육인 처녀 한 명을 제공할 수 있다면, 롯은 처녀 두 명을 약속할 수 있었다. 그리고 노인처럼 아비인 롯은 그의 딸들을 주려 했다. 그는 "그들을 끌어내 주겠소"(창 19:8, RSV) 하고 말했다. 그런 다음 앞서 했던 부정적인 금지를 누그러뜨릴 긍정적인 명령이 하나 따라 나온다. "당신들 눈에 좋을 대로 그들에게 하시오." 또다시 이 언어는 우리 노인의 말을 예고한다. 더군다나 롯의 결론도 이 모든 점을 강조한다. "이 사람들은 내 집 지붕 아래 들어왔으니, 그들에게만은 아무 짓도 하지 마시오"(창 19:8, RSV). 기브아의 노인과 마찬가지로, 롯은 남성 양쪽에게 각기 원하는 것을 주어 중재하려 한다. 어떤 남성도 침해당하지 않았다. 모든 남성이 자기가 바라는 것을 얻을 참이었다. 남성들 사이의 갈등은 이 여성들의 희생으로 해결될 수 있었다. 남성 보호자는 포주가 되었다. 실은 아버지가 포주가 된 것이다.

이 두 이야기는 이스라엘의 환대 관례가 오로지 남성만 보호한다는 점을 보여 준다. 롯은 남자들만 접대했지만, 노인에게는 여성 손님도 있다. 그러나 그녀를 보호하는 접대는 없다. 그녀는 남성 욕정의 희생자로 선택된다. 게다가 두 이야기 모두, 남성 집주인이 손님을 대신해서 자신을 내주는 일은 없다. 온갖 남성을 보호하고 만족시키기 위해 무고하고 무력한 여자들을 사용하는 일만 거듭될 뿐이다. 그러나 롯의 제안은 거절당했는데, 롯의 처녀 딸들에게 관심이 없어서가 아니라 체류자 주제에 이 중대 국면의 심판자 노릇을 한 롯의 괘씸죄 때문이다(창 19:9). 아이러니하게도 남성이 다른 남성에게 분노하면서 롯이 자진해서 갖다 바치려 한 롯의 딸들은 참상을 면하게 되었다. 이와 비슷하게, 우리의 이야기도 노인의 제안에 대한 베냐민 지파 사람들의 불만을 보고한다. "그러나 남자들은 노인의 말을 들으려 하지 않았다"(19:25ª, RSV).[46] 하지만 이번에는 남성의 분노가 여성이 화를 면하게 하지 않는다.

배경, 어휘, 주제들이 평행했던 두 이야기는 이제 우리의 이야기가 더 비열해지면서 갈라진다. 닥쳐올 테러에 대해 아무것도 대비하지 않았다. 대화가 멈추고 협상이 중단된다. 노인과 그의 처녀 딸은 무대 뒤로 사라진다. 불만스러워하는 베냐민인들이 다음에 무엇을 제안할지 듣고자 기다리는 사람은 없다. 그 대신 남자들이 노인의 말을 들으려 하지 않았다는 내레이터의 언급에서 논리적으로 도출될 수 없는 결론이 뒤따른다. 우리의 주인이자 하룻밤 손님인 "그 남자는 자기 첩을 붙잡았고(*hzq*) 바깥에 있는 그들에게로 밀었다"(19:25ᵇ).[47] 그의 행동이 너무 급해서 히브리어는 두 번째 동사의 직접목적어인 **'그녀를'**을 생략한다. 앞서 내레이터가 첩을 찾아 "그녀 마음에 말하려" 한다고 공감적으로 묘사했던 인물은 이제 자신을 구하기 위해 그녀를 적에게 넘긴다. 정말로 때가 왔고 이 여인이 죄인들의 손에 넘어가게 되었다(cf. 막 14:41). 이 부분이 끝날 무렵 집 안의 안전은 집

밖의 위험에 무릎을 꿇었다. 하지만 첩만 홀로 해를 당한다. 안에 있는 그 누구도 그녀를 도우러 오지 않는다. 그들은 모두 밤의 어두움에 빠져 있다(cf. 막 14:26-42). "그리고 그 남자는 자기 첩을 붙잡았고 바깥에 있는 그들에게로 밀었다." 홍의 문을 두드린 위험은 희생자를 얻어 냈다.

2. **집 밖에서, 19:25C-26.** 첩을 바깥으로(*ḥaḥûṣ*) 밀어내면서 삼화의 가운데 부분으로 넘어간다. 내레이션의 거리두기를 통해 테러 이야기가 펼쳐진다. 범죄 장면 자체는 몇 마디 안 되는 말로 묘사된다. 내레이션은 포르노나 선정물을 제시하지는 않지만 이 여인의 운명에도 거의 관심이 없다. 여성의 강간을 다루는 이 부분이 간결한 것은 앞서 남성의 잔치와 남성의 논의를 길게 보고한 것과 선명하게 대조된다. 남자들에 대해 이렇게 정성껏 관심을 기울인 서술은 이 여인에게 자행된 공포를 극명하게 한다. 내레이터는 범죄를 보고하면서, 남자 손님을 알고자 했던 성읍의 불량배가 사용한 어휘를 전용한다. "그리고 그들은 그녀를 알았다(*yd'*)"(19:25c). "알다"라는 표현에 남아 있던 애매함이 이 맥락에서 완전히 사라진다. 저 말은 강간을 의미하며, 무자비한 학대를 암시하는 동사와 나란히 나온다. "그들은 새벽까지 밤새도록 그녀를 강간하고(*yd'*) 고문하듯 괴롭혔다tortured(*'ll*)"(19:25d).[48] 이 3인칭 복수 동사들과 시간에 관한 언급은 범죄가 단 한 번의 행위가 아니라 수차례의 성폭행이었음을 확실히 해 둔다. "그들은 새벽까지 밤새도록 그녀를 강간하고 고문하듯 괴롭혔다." 그리고 세 번째 동사가 이들의 행동을 마무리한다. "그리고 그들은 여명이 비칠 때 그녀를 놓아 보냈다"(19:25e). 강간했다, 고문하듯 괴롭혔다, 풀어 줬다. 표현의 간결함이 폭력의 넘쳐남을 드러낸다.

놀랍게도 그다음 행동은 그녀 자신이 한 행동이다.

> 그 여인은 동틀녘에 돌아왔고,
>> 날이 밝기까지 그녀의 주인이 있었던
>>> 그 남자의 집
>>> 문간에 쓰러져 있었다. (19:26)

이야기가 시작된 이후 처음으로 여성 홀로 능동형 동사의 주어가 되었다. 하지만 더 이상 활동할 힘이 남아 있는 주어가 아니다. 오히려 여인은 자신을 배신한 주인의 침해당한 재산이고 훼손된 소유물이다. 전에 그녀는 이 남자를 떠났지만, 그는 단지 집 문(*dlt*)을 두드리는(19:22) 다른 남자들의 손에 넘겨주려고 그녀를 되찾은 것이다. 그 남자들이 그녀를 강간하고 버렸기 때문에, 지금 그녀에게는 "집 문간에 쓰러져 있는" 것 말고는 선택의 여지가 없다. 그녀의 신체 상태는 그녀의 비천한^{servile} 위치를 구체적으로 나타낸다. 그동안 주인은 밤새도록 안에서 안전하게 지냈다. 아침이 밝자 그는 자신이 시작한 잔혹 행위를 마주하게 된다.

어둠과 빛의 대조가 이 상황의 아이러니들을 더 선명하게 한다. "밤새"라는 문구와 나란히 나오는 네 번의 비슷한 언급이 낮이 오고 있음을 강조한다.

> 그들은 밤새도록 새벽까지 그녀를 고문하듯 괴롭혔다. (19:25c)

> 그들은 여명이 비칠 때 그녀를 놓아 보냈다. (19:25d)

> 그 여인은 <u>동틀녘에</u> 돌아왔고,
>
> <u>날이 밝기까지</u> … 쓰러져 있었다. (19:26)

여명은 범죄와 그 여파를 드러낸다. 새벽빛은 어둠을 없앤다기보다 빛의 압도적인 존재감을 예고하는 것이다. 그러나 예상을 거슬러, 범죄의 발견은 이 여인에 대한 더 큰 폭력으로 이어진다. 이에 대해서는 주인에게만 책임이 있다. 기브아 남자들은 밤새 이 첩을 강간했지만, 주인은 "아침에"(19:27)자신의 비열한 행동을 할 것이다.

3. 집 문 앞에서 그리고 떠나서, 19:27-28. 유린당하며 큰 충격을 받은 여성은 이 삽화의 마지막 부분에서 주인의 뜻대로 처리된다. 형식과 내용이 주인의 힘과 여인의 곤경을 보여 준다. 거의 내레이션으로 이루어진 이 부분은 주인이 떠나기로 결정하면서 시작한다. 그런데 이 여인이 나타나 방해가 된다. 이제야 직접 화법의 말—그녀의 말이 아니라 그의 말—이 나온다. 단락의 마지막에 이 남자는 그녀를 자기 계획에 맞춰서 가려던 길을 다시 간다. 교묘하게 구성된 이 단락은 이전 부분들에서 가져온 주제와 어휘를 바탕으로 하면서도, '**일어나다**'(qûm)와 '**가다**'(hlk)라는 동사의 배치를 통해 자체적으로 시작과 중간과 끝을 구성한다.

a. **결정**

> 그녀의 주인은 아침에 일어났다.
>
> 그는 집(byt) 문(dlt)을 열고(ptḥ)
>
> 자기 길을 <u>가려고</u> 나갔다.

b. **방해**

그런데 보니(*hinnēh*), 자기 첩인 여인이 있다.

그녀는 문턱을 손으로 잡은 채

집(*byt*) 문간(*ptḥ*)에 쓰러져 있었다.

그는 그녀에게

'일어나 가자'고 말했다.

그러나 그녀는 대답이 없었다.

c. **재개**

그러자 그는 그녀를 나귀에 얹었다.

그리고 그 남자는 일어나서 자기 고장으로 갔다. (19:27-28, RSV*)

이 부분이 시작할 때 나온 "아침에"라는 문구는 앞 부분(19:25, 26)의 시간 언급을 이어간다. 앞의 두 부분에 사용된 '**문**', '**문간**', '**집**'이라는 단어는 여기서 다시 메아리친다. 이 마지막 부분의 초반에서 '**문**'(*dlt*)이라는 단어를, 중반에서 '**문간**'(*ptḥ*)이라는 단어를 사용함으로써, 주인이 자기 첩을 강제로 밀어내면서 간신히 자신을 지켜 낸 경계를 강조한다.

"그녀의 주인은 아침에 일어났다. 그는 집 문을 열고 자기 길을 가려고 나갔다." 이 본문은 *그가* 다른 누군가를 신경 쓰지 않고 혼자 떠날 작정이었던 것처럼 읽힌다. 그렇지 않은가? 비록 *그가* 두려워했던 모든 것이 그의 회피 계획과 반대 방향으로 흘러가긴 했지만, 그는 힘으로 누군가를 조종하여 도모했던 바를 이룬 상태다. 그는 길에서 밤을 보내면 위험한 반면 마을 안에 있으면 안전하게 되리라 판단했지만, 그렇게 되지 않았다. 그는 이방인 성읍에 머물면 위험한 반면 자기 민족 속에 있으면 안전하리라 판단했지만, 그렇게 되지 않았다. 광장은 위험하나 집 안은 안전하리라 판단했지만, 그렇지 않았다. 그럼에도 불구하고 그는 자기 첩에게 위험을 떠넘기는 비겁한 행동으로 결국 자신을 지켜 냈다. 이제 주인은 희생자를 마주해야 한다.

"그런데 보니, 자기 첩인 여인이 있다. 그녀는 문턱을 손으로 잡은 채 집 문간에 쓰러져 있었다." 히브리어 *hinnēh*는 이 여성의 현전을 도입한다. 두 개의 명사로 이루어진 "자기 첩인 여인"이라는 표현은 그녀의 열등한 지위를 나타낸다. "문턱을 손으로 잡은 채"라는 가슴 아픈 세부 묘사는 그녀의 곤경을 확실하게 표현한다. 그리고 "문간에 쓰러져 있었다"라는 문구는 그녀의 고통과 무력함을 극적으로 나타낸다.

내레이터는 이 여인을 안전함의 문턱까지 돌려보낸 다음 바깥에 둔다. 가슴 저미는 이미지는 잔혹한 아이러니를 낳는다. 성폭행당하고 버려진 여인은 자기 주인에게 연민과 양심의 가책을 유발할 것인가? 두 단어로 된 히브리어가 이에 대한 답을 준다. "일어나 가자." 그는 이 명령으로 그녀에게 처음으로, 그리고 유일하게 말을 건넨다. 그녀의 마음에 하는 말은 어디 있을까? 확실히 여기에는 없다. 이야기 그 어디에도 내레이터가 묘사했던 주인의 의도를 주인이 이루어 내려는 모습은 없다. 그런 기색조차 없다. 그 대신 그는 이 여인을 자기 계획에 강제로 맞춰 버린다.

"'일어나 가자.' 그러나 그녀는 대답이 없었다." 그녀는 죽은 것일까, 아니면 살아 있는 것일까? 그리스어 성서는 "왜냐하면 그녀가 죽었기 때문이다"라고 말한다. 그럼으로써 베냐민 남자들은 강간범에 가학자일 뿐만 아니라 살인범이 된다. 반면 히브리어 본문은 이에 관해 침묵하고 있고, 따라서 이 학대당한 여성이 아직 살아 있다고 해석할 여지를 둔다.[49] 그녀는 굴욕을 당하고 고문을 당할 때에도 입을 열지 아니하였다. 마치 도살장에 끌려가는 어린양과 털 깎는 자 앞에서 잠잠한 양 같이 그녀의 입을 열지 아니하였다. "'일어나 가자.' 그러나 그녀는 대답이 없었다." 기진맥진한 것이든 죽은 것이든, 주인은 그녀의 침묵에 전혀 방해받지 않는다. 그는 아침이 밝으면 해야지 했던 일을 그대로 할 뿐이다. 그녀를 나귀에 얹고 "이 남자는 일어나서 자기 고장으로 갔다." 이 여정에 관해서는 아무런 설명이 없다. 그의 임무는 완료되었다. 물론 내레이터가 제시했던 임무는 아니다.

계속되는 폭행

결론: 사사기 19:29-30

이야기의 결론은 도입부(19:1-2)를 이용하지만 렌즈가 급격히 바뀐다. 도입부가 에브라임 산지에 있는 레위인에서 시작하여 유다 베들레헴에 있는 아버지의 집으로 가는 첩으로 전환되었듯이(19:1-2), 마치는 구절은 에브라임에 있는 주인의 집에서 시작하여(19:29abc) 이스라엘 모든 지역으로 가게 되는 첩으로 전환된다(19:29d-30). 도입부와 결론부의 차이는 테러를 낳는다. 전에 살아서 주인을 떠났던 첩은 주인의 끔찍한 폭력을 당하는 죽은 대상이 된다. 사실 이번에 그녀가 주인에게서 떠나게 되는 것은 그가 복수를 원하기 때문이다.

집에[50] 도착한 주인은 지체하지 않는다. 네 개의 동사가 재빠르게 이어지며 그의 활동을 묘사한다. 가져오다, 붙잡다, 자르다, 보내다.

"그는 칼을 가져왔다(lqh)"—아무 칼이 아니라 그 칼이다(19:29a). 이 문장은 참으로 자극적인데, 이삭을 희생 제물로 바치는 행을 반향하고 있기 때문이다. "아브라함은 … 그 칼을 가져왔다(lqh)"(창 22:10). 성서 전체 중 오직 이 두 이야기만 바로 저 단어를 공유한다. 하지만 아브라함은 분명히 "자기 아들을 죽이려고" 칼을 가져왔다. 아마도, 결국 그런 일이 일어나지 않았기 때문에 그의 의도를 그대로 명시할 수 있었을 것이다. 천사가 이삭을 죽이지 못하게 막았다. 주인도 "칼을 가져왔다." 주인의 의도가 첩을 죽이는 것일까? 비록 그리스어 성서가 그러한 가능성을 미리 배제했지만, 히브리어 본문의 침묵은 그럴 가능성을 허용한다. 게다가 아브라함의 저 행동과 유일무이하게 평행하다는 점이 가능성을 보탠다. 여기에는 칼을 가져온 목적이 희생자를 죽이기 위함이라고 명시하지 않았는데, 아마도 그런 일이 실제 일어났기 때문일 것이다. 하지만 내레이터는 애매함을 통해 그의 주인공을 보호한다.

"그는 칼을 가져왔다. 그리고 자기 첩을 붙잡았다(hzq)." 강간당하고 고문당하고 살았는지 죽었는지 모를 여성은 여전히 자기 주인의 권력 안에 있다. 난폭하게 다루어져서 만신창이가 된 그녀의 몸은 그에게 더 심한 잔혹함을 불러일으켰다. 인간이든 신이든 어떤 행위자도 나서서 막지 않는다. 그 대신 전에 신앙으로 중단되었던 테러의 상징인 그 칼이 일을 시작한다. 앞서 주인은 "자기 첩을 붙잡아(hzq) 바깥에 있는 그들에게로 밀었다"(19:25b). 이번에는 본인이 직접 나서서 폭행을 완성한다. "그는 그녀를 토막토막 열두 조각으로 잘라서(nth) 이스라엘 온 지역에 보냈다(šlh)"(19:29c).[51] 그는 비겁하게 넘겨준 자이자 살인자일까? 확실한 것은 그는 애도하지 않았다는 것, 그녀는 장

사되지 못했다는 것이다.

그녀는 성서에 나오는 모든 인물 중 가장 작은 자다. 그녀는 자신이 강간당한 이야기의 시작과 끝에서 남자들의 세계에 홀로 등장한다. 다른 어떤 등장인물도 내레이터도 그녀가 인간임을 인식하지 못한다. 그녀는 누군가의 재산이고, 대상이고, 도구이고, 문학적 장치다. 그녀에겐 이름도 없고 대사도 없으며 힘도 없다. 살아 있을 때 도움을 주거나 죽을 때 울어 줄 친구도 없다. 이스라엘 남자들은 자기들끼리 그녀를 이리저리 주고받다가 완전히 지워 버렸다. 붙잡히고, 넘겨짐당하고, 강간당하고, 고문당하고, 신체가 절단당하여 흩어진 이 여인에게 가장 많은 죄가 저질러졌다.[52] 결국 그녀는 훗날 사울이 사람들을 전장에 소집하려고, 토막 내서(*ntḥ*) 이스라엘 전역에 보내는(*šlḥ*) 황소나 다름없게 되었다(삼상 11:7).[53] 그녀의 몸은 많은 사람을 위하여 떼어 준 바 되었다. 어떤 여인도 이보다 힘없지 않았으니, 그녀의 생명은 한 남자에게 희생되었다.

이 이름 없는 여인의 몸 조각이 이스라엘 온 땅으로 흩어지자, 유례없는 공포가 몸 조각이 이스라엘 민족에게 요구하는 것을 하도록 압박했다.[54] 그리스어 성서에 따르면 주인은 몸 조각을 나르는 전달자들에게 이렇게 지시한다. "당신들은 이스라엘 모든 남자man[('사람에 대한) 총칭이 아닌]에게 '이스라엘 민족이 이집트 땅에서 나온 날부터 여태까지 이런[55] 일이 있었습니까?' 하고 말해 주시오." 반면 히브리어 성서에는, 이스라엘이 이 문제에 응답할 것을 사실상 요구하는 주인의 메시지와 전달자는 나오지 않고, 문제 제기만 나온다. 그래서 RSV는 이렇게 읽는다. "그것을 본 모든 사람이 '이스라엘 민족이 이집트 땅에서 나온 날부터 여태까지 이 같은 일이 있지도 않았고 이

같은 일을 본 적도 없다' 하고 말했다"(19:30).[56]

그러나 히브리어로 된 선언에는 영역본들이 담아낼 수 없는 뉘앙스를 포함하고 있다. 동사의 형태와 목적어는 모두 여성형이다. 히브리어에는 중성이 없다. 이 여성형은 단지 추상적이거나 집합적인 '일'이 아닌 이 여인 자체를 강조할 수도 있다. 우리는 문자 그대로 이렇게 옮길 수 있다. "**그녀를** 본 모든 사람이 '이스라엘 민족이 이집트 땅에서 나온 날부터 여태까지 이 같은 **그녀가** 있지도 않았고 이 같은 **그녀를** 본 적도 없다' 하고 말했다." 다시 말해 이 문법적 애매함은 특정한 해석학적 강조를 제공한다. 즉 테러의 희생자인 여인을 강조한다. 이어지는 명령들이 이 점을 강화한다.

그리스어와 히브리어 성서 모두 세 개의 명령형으로 이스라엘에게 지시한다. 고민하고, 상의하고, 말하자. 눈에 띄는 점은 첫 번째 명령이 실제로는 히브리어 관용구인 "네 마음을 향하게 하라"고, 그 뒤에 "그녀에게로"가 이어진다는 사실이다. 번역 성서는 "숙고하라"consider it (RSV), "이를 네 마음에 두라"(NJV), 심지어 예사로운 말로 "그것에 주목하라"(NAB)고 읽는다. 따라서 여성 목적어는 물론 마음이라는 심상을 수사적으로 되풀이한 것도 사라진다. 오래전 남자는 여인의 마음에 말할 예정이었지만, 하지 않았다. 이제 이스라엘은 그 마음을 그녀에게 기울여서 상의하고 말해야 한다. 베냐민 전승의 1막은 응답하라는 명령으로 끝난다.

이야기에 대한 반응

지파 체제 이스라엘의 반응 제2막(삿 20장)과 제3막(삿 21장)은 즉각적인 반응으로 이루어져 있다. 단에서 브엘세바에 이르는 모든 백성이 "미스바에서 주님 앞에 한 남자$_{man}$(男)"처럼 모인다. 이러한 응답은 확실히 터무니없다. 앞서 제1막에서는 전혀 나타나지 않았던 하나님마저 레위인에게 해명을 요구하는 40만 군사들처럼 참여하신다.

레위인은 처음에 곧이곧대로 답변을 시작한다(20:4-7, RSV). "나는 베냐민에 속한 기브아에 갔소. 나와 내 첩이 유숙하려고 말이요. 그런데 기브아 남자들이 나를 치러 일어나 밤에 내가 묵는 집을 포위했소." 여기서 주인은 기브아 남자들이 말한 의도에서 벗어난 해석을 첨가하여 말을 이어간다. "그들은 나를 죽이려 했소." 사실 그들은 그를 "알고자 한다고" 요구했다. 물론 레위인이 이 요구를 그렇게 이해한 것이 정당할 수도 있다. 하지만 그는 말을 더 이어가며 진실을 모호하게 만든다. "그들은 나를 죽이려 했소. 그러다 내 첩을 강간했고 그녀는 죽었소." 레위인은 본인이 첩을 붙잡아서 남자들에게 주었는데, 이렇게 그가 거들었다는 사실을 전부 생략했다. 그는 침묵의 죄를 저지름으로써 자신의 무죄를 내비치고 있다. 게다가 "그들이 그녀를 죽였소"라 하지 않고 "그녀는 죽었소"라고 조심스러운 표현으로 고백한 것은 그가 배신자일 뿐만 아니라 살인자일 것이라는 의혹을 증폭시킨다.[57] 레위인은 첩을 토막 낸 것에 대해서는 자신의 소행이라고 선뜻 보고한다. "나는 내 첩을 가져다가 쪼개서 이스라엘이 물려받은 전 지역에 보냈소. 왜냐하면 그놈들이 이스라엘 중에서 가증스러운 일과 음란한 일을 저질렀기 때문이오." 확실히 레위인은 이 여인의 몸을 절단한 것에 대한 응징을 두려워하지 않는다. 이러한 행위는 복수를 요청하기 위해 용인되는 것이다. 따라서 온 이스라엘의 진노가 베냐민 사람들에게 돌아간다. 남성의 재산을 침해하여 손상을 입힌 것에 대해서는 분노를 폭발하지만, 이 여인이 직접 겪은 폭력에 대해서는 잠잠하다. 레위인은 또다시 도모했던 바를 이루고 무대 뒤로 물러난다.

그 후 이스라엘 지파들은 베냐민 지파에게 기브아의 불량배를 넘기라고 요구한다. "우리가 그들을 죽여서 이스라엘 중에 악을 제거하도록"(20:13, RSV) 말이다. 하지만 베냐민 사람들이 거부했고 전쟁이 시작된다.[58] 내레이터는 매우 상세하게 믿기 어려울 만큼 큰 규모의 충돌을 그린다. 수천수만의 사람이 전쟁에 참여한다. 야웨도 베냐민과의 전투에 참여한다. 이스라엘 지파들은 처음에 두 번 패배한 후, 계략을 써서 승리한다. 시체가 도처에 널렸다. 하루 만에 베냐민 남자 25,000명이 이상이 죽었다. 먼저 기브아 성읍에, 그다음 베냐민 온 마을에 연기가 치솟았다. 단 한 명의 여자도 남지 않고(21:16), 아이나 가축도 살아남지 못했다(20:48). 베냐민 지파는 사실상 전멸했고, 겨우 600명의 남자만 광야로 도망쳤다.

이렇게 거대한 폭력이 분출되자 사람들은 다시 생각하기 시작했다. 승자라 해도 "오늘 이스라엘 중 한 지파가 사라질 것"(21:3, RSV)이라는 현실을 떠안고 살 수 없다. 베냐민 지파가 원래대로 차려면 600명의 남자 생존자에게 여자가 있어야 한다. 한 번의 맹세로 문제가 복잡해지고, 두 번째 맹세로 문제를 해결한다. 나머지 지파들은 자기 딸을 베냐민 사람과 결혼시키지 않기로 맹세했고(21:1), 또한 전쟁에 참여하지 않은 자를 모두 없애기로 맹세했다(21:5). 이에 따라 그들은 수수방관한 야베스 길르앗 마을을 공격하여 젊은 처녀 400명을 제외한 모든 주민을 살해한다(21:10-12). 전에 레위인이 첩을 베냐민의 불량한 무리에게 넘겨줬던 것처럼, 그들은 이 여성들을 살아남은 베냐민 남성들에게 넘겨준다. 1명을 강간한 사건이 400명을 강간하는 사건이 되었다. 그러나 베냐민 사람들은 충족되지 못했다. 400명의 여자가 군인 600명이라는 수요를 충족시킬 수 없기 때문이다. 이번에는 실로의 딸들이 그 대가를 치러야 한다. 남성의 정욕을 만족시키기 위해, 이스라엘 남자들은 매년 열리는 야웨의 축제에 여인들이 춤추러 나올 때 200명의 젊은 여자를 납치하도록(21:23) 허락한다. 1명을 강간한 사건이 600명을 강간한 사건이 되었다.

첩의 이야기가 이스라엘 남자들에게 맡겨지자 여인들에 대한 강간의 확장을 정당화한다. 이 남자들은 앙갚음하면서, 자신들이 혐오한다고 주장한 그것을 재현했다. 이들은 야베스 길르앗의 처녀 400명과 실로의 딸 200명을 사로잡고, 넘기고, 강간하고, 흩어지게 했다. 더 나아가 그들은 모든 베냐민 여성과 야베스 길르앗의 모든 기혼 여성에게 고통을 가하고 살해했다. 이스라엘의 남성들은 이스라엘 여성 집단을 토막 냈다. 불량한 남자들이 여자 중 가장 작은 자 하나에게 그렇게 했으므로, 그들은 다수의 여자에게 그렇게 한 것이다. 이스라엘 지파 동맹은 자신들의 마음이 그 첩을 향하도록 하지 않았다.

사사기 편집자의 반응 두 번째 반응은 사사기 편집자에게서 나온다. 편집자의 목소리는 내레이터의 목소리와 융합된다. 그는 제1막을 시작하면서 "그 때에 이스라엘에 왕이 없으므로"라는 말로 이 시대를 고발한다. 제3막의 결론에 이르러서는 이러한 판단에 "저마다 자기 눈에 옳은 대로 행하였다"[59]라는 말을 덧붙인다. "자기 눈에"라는 문구는 노인이 기브아 불량배에게 한 말과 언어유희를 이룬다. "당신들 눈에 좋은 것을 그들에게[처녀 딸과 첩에게] 하시오"(19:24). 왕이 없다는 사실이 무질서anarchy와 폭력의 허가증인 셈이다. 그래서 편집자는 방금 보고한 참상을 이스라엘에 질서와 정의를 확립할 군주제monarchy를 장려하는 데 사용한다.[60] 그는 이 이야기뿐만 아니라 사사기 전체를 고발하며 마무리함으로써 독자들이 왕정을 호의적으로 바라보게 준비시킨다. 그렇다면 첫 번째 왕 사울이 베냐민 지파에서 나와서, 기브아에 도읍을 세우고, 암몬족에게서 야베스 길르앗을 구한다는 것은[61] 참으로 아이러니가 아닌가! 그러나 다윗 왕가를 옹호하기 위해 사울을 저평가하는 것이 바로 편집자의 의도일 수도 있다. 하지만 다윗의 통치는 그것대로의 잔학함이 있다. 다윗은 밧세바를 더럽히고, 암논은 다말을 강간하고, 압살롬은 자기 아버지의 첩들을 성폭행한다.[62] 이때에는 이스라엘에 왕이 있으므로 왕족이 자기들 눈에 옳은 대로 행하였다. 첩의 이야기에 대해 어떤 정치적 해결책을 조언한 것은 결코 효과가 없었다. 이러한 관점은 네 마음을 그녀에게로 향하게 하는 것이 아니다.

정경 형성자들의 반응 세 번째로 일군의 반응이 성서를 정경으로 배열하는 과정에서 나온다. 병치에 의한 반응이다. 히브리어 성서에서 한나 이야기(삼상 1:1-2:21)는[63] 첩 이야기에 바로 이어서 나온다. 이 내러티브 또한 에브라임 산지를 배경으로 하고 다른 곳으로 여행도 하지만, 다른 등장인물들이 거주하는 다른 세계를 그리고 있다. 엘가나엘카나는 사랑 많은 남편으로, 임신하지 못하는 아내 한나의 슬픔에 귀를 기울인다. 엘리는 존경받는 제사장으로, 이 여인을 축복하고 그녀를 위해 하나님의 은총을 구한다. 야웨는 은혜로운 신으로, 그녀의 눈물과 기도에 다산으로 응답하여 주신다. 사무엘은 각별한 아이로

실로에서 주님을 섬김으로써 자기 어머니를 공경한다. 한나는 이야기가 펼쳐지는 내내 공감을 얻고 집중적인 관심을 받는다. 한나는 이름도 있고 말도 하며, 경건과 인내, 신의와 배포가 있는 여인이다. 남성 등장인물들과 내레이터가 그녀의 가치와 신앙을 돋보이게 한다. 그리고 이 모든 것이 사사시대의 일이다. 한나가 받은 대우와 첩이 받은 대우가 얼마나 대조적인가!

그리스어 성서에서도 비슷하게 병치에 의한 반응이 나온다. 첩 이야기에 바로 뒤이어 룻 이야기가 나온다. 이 내러티브의 장면1처럼 룻기도 베들레헴을 무대로 한다. 이 또한 환대의 본보기지만, 이번에는 여성판 환대다.[64] 과부 나오미가 이방인 며느리 룻과 함께 모압에서 돌아오자 온 마을 여인들이 환영한다. 하나님의 축복 아래 두 여인은 자구책을 세운다. 가장인 보아스_{보아즈}는 생계를 제공하고 룻과 결혼함으로써 협조한다. 베들레헴의 인자한 장로들이 이 여성들의 관심을 남성의 관점에 통합시킬 조짐을 보이자 여인들은 자신들의 이야기를 되찾는다. 그들은 한 여성의 이야기를 오롯하게 보존하기 위해 남성 세계의 언어를 재해석한다. 룻에게서 난 아들은 자신의 유산에 죽은 엘리멜렉의 이름을 되찾아 준 것이 아니라 나오미에게 삶을 되찾아 준 것이다. 베들레헴의 여인들은 이 남자아이의 이름을 지으면서 남자들과의 새로운 시작을 만들어 낸다. 이 모든 일이 "사사들이 통치하던 시대에"(룻 1:1) 일어난 것이다. 룻이 받은 대우와 첩이 받은 대우가 얼마나 대조적인가!

베냐민 전승과 나란히 나오는 이 두 이야기에 여성 혐오, 폭력, 복수가 없다는 사실은 사사시대에 치유의 말을 건네는 것이다. 이 여인들에 대한 묘사는 메시지를 강화한다. 첩, 베냐민 여인들, 야베스 길르앗의 젊은 여인들, 실로의 딸들과 나란히 한나, 나오미, 룻, 베들레헴의 여인들이 서 있다. 비록 후자들의 존재가 그들의 자매들이 당한 고통을 지울 수는 없지만, 전능자와 남성 기득권층 모두에게 더 훌륭한 길을 보여 준다. 이 이야기들의 핵심heart이 첩을 향하게끔 하는 것은 구속redemption을 상의하는 것이다.

예언자들의 반응 성서 속에서 이 이야기에 대한 네 번째 반응은 예언 문학에, 구체적으로 말하면 호세아서에 나온다. 지나가는 말이긴 하지만 두 번 언급된다는 사실은 기브아에 대한 기억이 수 세기 동안 남아 있었음을 시사한다.[65] 예언자는 이스라엘의 심판의 날을 선고하며 다음과 같이 선포한다.

> 그들은 기브아의 시대와 같이
> > 심히 타락하였다.
> 하나님은 그들의 악행을 기억하실 것이고,
> > 그들의 죄를 벌하실 것이다. (호 9:9, RSV*)

그는 또다시 말한다.

> 기브아의 시대부터
> > 네가 범죄하였구나, 이스라엘아. (호 10:9, RSV)

이 두 번의 인유는 기브아의 범죄들을 기억하기에 불충분하다. 이 예언 전승은 그 마음을 첩에게로 거의 향하지 않았다.

성서 나머지 부분의 반응 압도적인 침묵이 이 텍스트에 대한 다섯 번째 반응이다. 고대 이스라엘과 초기 그리스도교 공동체 모두 그러하다. 레위인도 이스라엘 지파에게 이야기를 빠짐없이 보고하지 않았는데, 하물며 전경 전승은 어찌 이를 기억하려 하겠는가. 예언자 아모스가 다른 상황에서 했던 통렬하고 냉소적이기까지 한 말이 이러한 반응의 정신을 잘 포착해 준다.

> 그러므로 신중한 사람은 이런 때에
> 침묵을 지킬 것이니,
> 때가 악하기 때문이다. (암 5:13, RSV)

침묵은 무능함과 공모죄를 덮는다. 침묵을 지키는 것은 죄를 저지르는 것인데, 왜냐하면 이야기가 그 청자들에게 "네 마음이 그녀를 향하게 하고, 상의하고, 말하라"고 명령하기 때문이다(19:30; 20:7).

독자들의 반응 "네 마음이 그녀를 향하게 하고, 상의하고, 말하라." 이러한 명령은 이야기가 발생한 고대 환경에서 현시대로 건너와서, 우리가 새로이 답하도록 도전한다. 따라서 여섯 번째 반응이 이 이야기의 독자를 기다리고 있다. 사실대로 말하자면 이 여인을 대변하는 것은 내레이터, 플롯, 다른 등장인물, 성서 전승을 거슬러 해석하는 것이다. 왜냐하면 이들은 그녀에게 연민도 관심도 보이지 않기 때문이다. 우리가 우리 마음을 그녀에게로 향한다면, 우리는 어떤 논의를 할 수 있을까? 어떤 말을 할 수 있을까? 이스라엘의 상속자인 우리는 이렇게 무자비하고 수그러들지 않는 폭력과 공포가 눈앞에 있을 때 무엇을 말할 수 있을까?

우리는 무엇보다도 이 이야기의 동시대성을 인정할 수 있다. 여성 혐오는 우리 시대를 포함하여 모든 시대와 관련된다. 폭력과 보복은 단지 그리스도교가 있기 전, 먼 과거 특유의 일이 아니며, 오늘날에도 선택받은 이들의 공동체에 침투해 있다. 대상으로서의 여성은 여전히 사로잡히고, 넘겨지고, 강간당하고, 고통당하고, 살해당하고, 토막 나서 흩어진다. 이 고대의 이야기를 마음에 들이는 것은 그것이 지금의 현실임을 고백하는 것이다.[66] 이 이야기는 살아 있다. 그리고 모든 것이 병들어 있다. 우리는 고백을 넘어서 "다시는 안 돼"라고 말하도록 대책을 상의해야 한다. 하지만 이러한 대책 자체는 성서의 모든 명령 중 가장 단호한 명령에 우리 마음을 기울이지 않는 한, 다른 누군가가 아닌 우리 자신에게 말하지 않는 한 헛될 뿐이다. 그 명령은 회개하라는 것이다. 회개하라.[67]

4장

입다의 딸

비인간적 희생 제물

사사기 11:29-40

우리의 마지막 이야기도 사사시대의 일이다. 당시 이스라엘은 중앙
집권화된 정부 권력에서 자유로운 지파 체제 사회였지만, 무정부 상
태와 소멸의 위협에 시달리며 살았다.[1] 이러한 배경 속에서 공적이고
사적인 사건들이 서로 맞물려 불신앙, 죽음, 비탄의 사가를[2] 낳는다.

길르앗 사람 입다에 관한 한 덩어리의 이야기들[3] 중 우리의 내러
티브는 장면2에 해당한다(11:29-40).[4] 이에 앞서 신학적 서문(10:6-
16), 당시 위기들에 관한 소개(10:17-11:3), 부분적 해결과 계속되는 갈
등(11:4-28)이 나온다. 그리고 장면2에 이어 이 이야기 덩어리의 결론
이 나온다(13:1-7).[5] 장면2는 두 개의 삽화에 하나의 후기가 덧붙여진
형태로 구성된다. 삽화1은 공적인 대량 학살과 관련되고, 삽화2는 사
적인 희생과 관련된다. 후기는 희생을 추모한다. 우리의 과제는 핵심
등장인물이자 입다의 딸인 이름 없는 여인을 세심히 주시하며 장면2
를 연구하는 것이다.

장면2의 맥락

A. 도입부: 병치된 위기들, 10:17-11:3 입다 이야기 덩어리의 도입부에는 공적 위기와 사적 위기가 나란히 나온다. 기원전 11세기 암몬은 요단 저편에 랍바ᴿᵃᵇᵇᵃ를 수도로 하여 왕국을 세우고 이스라엘 후손을, 구체적으로는 미스바를 거점으로 길르앗 지역에 사는 사람들을 억압하기 시작했다.[6] 신명기계 신학자는 입다 이야기 덩어리를 소개하는 서론적 판단을 내리면서 이러한 군사적 위협을 주님이 하신 일로 본다. 하나님은 이스라엘의 변절에 벌을 내리시는 중이다(10:6-16).[7] 이스라엘 후손은 자신들의 죄를 고백한 후 암몬과의 싸움을 이끌어 줄 구원자를 찾는다(10:17-18).[8]

이스라엘의 구원자는 애매하게 나타난다. "길르앗 사람 입다는 큰 용사였는데"(11:1ₐ, RSV), 전장에서 잘 훈련받은 사람이며, 자기 능력뿐만 아니라 파견대를 제공할 수 있었다.[9] 내레이터는 이런 바람직한 자격과 돌이킬 수 없는 결점을 나란히 적시한다. "그러나 **그는**(*hû'*) 창녀의 아들이다"(11:1ᵦ). 길르앗 지역을 의인화하여 그의 아비로 칭할 수밖에 없을 만큼 그의 혈통은 불확실하다.[10] 무명 매춘부와 정체불명 아버지의 자식인 입다는 큰 용사였지만, 부모의 죄로 고통받았다. 순수 혈통의 일족은 그를 아버지의 집에서 내쫓는다.[11] 내레이터는 입다가 "자기 형제들에게서" 도망쳐서 돕 땅에[12] 거주한다고 비꼬는 필치로 보고한다(11:3ₐ). 이윽고 이 추방된 자는 사회의 쓰레기들을 끌어모아 친구가 되었다. "하찮은 패거리가 입다 주변에 모여서 그와 함께(*immô*) 떼지어 다녔다"(11:3ᵦ, RSV).[13] 구세주가 정말 애매하게 등장한 것이다.

B. 장면1: 결의와 보복, 11:4-28 내레이터는 미래의 구원자를 추방된 자로 제시한 다음, 입다와 그의 족속들이 암몬의 침략에 직면하여 재결합하는 것으로 이어간다. 장면1은 내적 분열 양상을 바꾸는 외적 위협으로 시작한다. 길르앗의 장로들이 안건을 낸다. 길르앗의 군사들이 무력하므로 길르앗을 구하기 위해서 사생아를 찾아갈 수밖에 없다. 이 장로들은 "입다를 데려오려고 돕 땅에 갔다"(11:5, RSV).[14] 처음에 그들은 조만간 암몬과 싸울 동안만 일시적으로 권한을 주기로 제안했다. 그들은 "와서 우리의 지도자(*qāṣin*)가 되어 달라"고 애원했다(11:6, RSV).[15] 그러나 입다는 자신이 당신들 손에 있을 때 당신들이 혹독하게 대우했던 것을 기억해 보라고 하며 장로들을 맞받아친다(11:7).[16] 설령 이러한 혐의를 인정하지 않더라도 장로들은 다른 수가 없으므로 입다에게 영구적인 권한을 제시해야 한다.

> 지금 우리가 당신을 찾아온 것은
>> 당신이 우리와 함께 가서
>>> 암몬 후손과 싸우고,
>> 당신이 길르앗 모든 주민의
>>> 우두머리(*lĕrōš*)가 되게 하려는 것이오. (11:8, RSV*)[17]

놀랍게도 장로들은 그가 전쟁에서 이겨야 한다는 조건도 걸지 않고 이 엄청난 권력을 입다에게 준다.

장로들이 제안을 수정하자 입다는 협상을 시작했다.

> 만일 당신들이(*attem*) 나를(*ōtî*) 돌아가게 해서

암몬 후손과 싸우게 한다면,

그리고 (만일) 야웨께서 그들을 나에게 넘기신다면,

내가(*ānōkî*) 당신들 위에서(*lākem*)

우두머리가(*lĕrōš*) 될 것이다. (11:9)[18]

협상에 빈틈이 없다. 입다는 야웨를 조건에 넣어 호소하여 자신의 권위를 강화하면서 장로들의 권력을 더 감소시킨다. 그들이 방금 제시한 것을 그는 전쟁터에서 얻어 내겠다고 제안한다. 주님이 원하시면 받겠다고 말이다. 일단 이 조건을 만족시켜 전쟁에서 이기게 되면, 그때는 야웨와 상관없이 입다 홀로 영구 권력을 주장할 수 있게 된다. 이 말에 따르면, 하나님은 협상 과정에 유용하나 승리의 결과에는 관여할 것이 없다. 그래서 하나님은 이야기에 간접적으로만 개입하신다. 하나님은 직접적으로 말하거나 행동하지 않으신다. 또한 하나님을 직접적으로 부르지도 않는다. 이런 식의 종교 언어는 곧 일어나는 모든 일의 공포와 당혹감을 심화할 것이다. 한편 장로들은 입다에게 대답하며 그의 제안에 군말 없이 완전히 따른다. 외부의 위협에 직면한 길르앗은 내부의 갈등을 해결했다. 공공의 위험이 사적 위기를 해결한 것이다. 이스라엘 후손은 "우두머리이자 지도자"(11:11)인 입다와 함께 암몬 후손과 맞설 준비가 되었다.[19]

첫 대결은 외교 활동으로 이루어진다. 두 차례에 걸쳐 적들이 서로 대화를 나누고, 내레이터가 정보와 해설을 제공한다(11:12-13, 14-28). 사절단이 이름 없는 암몬 왕에게 입다의 말을 전한다. "우리와 당신 사이에 무엇이 문제이기에 당신은 내 땅을 치러 왔소이까?"(11:12).[20] 그러자 조금도 물러서지 않는 대답이 돌아온다. 암몬 사람들이 "**내 땅**

을 치러" 왔다는 비난에 대해, 왕은 "이스라엘이 이집트에서 올라오면서 **내 땅**을 빼앗았다"고 반박한다(11:13). 왕은 영토 분쟁으로 잃었던 땅을 회복하려 한다. 입다는 다시 암몬 군주에게 사절을 보낸다. 사절들은 예언자들이 고발할 때 사용하는 문체로 장황한 연설을 시작 한다. "주께서 이같이 말씀하신다"라는 표준적인 문구 대신 "입다가 이같이 말한다"라는 문구로 운을 떼며 말이다(11:15).[21] "그러나 암몬 왕은 사람을 보내서 한 입다의 말을 듣지 않았다"(11:28, RSV*).[22] 이러한 장면1의 결론은 우리의 이야기에 원인을 제공하는 전투로 이어진다.

이 맥락에서 전개되는 장면2

A. 삽화1: 참전, 11:29-33 비록 입다, 길르앗 장로들, 내레이터가 모두 주님을 언급하긴 했지만, 지금까지 하나님이 실제로 개입한 적은 없었다. 그런데 장면2의 첫 번째 삽화를 시작하는 내레이터의 보고가 인상적이다. "야웨의 영이 입다에게 내렸다"(11:29). 전형적인 문구로 표현된 이 말은 하나님이 이어지는 사건을 승인하셨음을 분명히 하고 성공적인 해결을 예견한다.[23] 그러나 입다 본인은 야웨의 영이 보장을 가져다준다고 밝히지 않는다. 오히려 그는 확신과 용기로 행동하지 않고 의심과 요구로 반응한다. 그는 전쟁 삽화의 최중심부에서(11:30-31) 또 다른 흥정을 하려고 내레이션(11:29, 32-33)을 중단시킨다. 그의 말이 너무 진지해서 내레이터는 이를 서원이라고 표현한다. "그때 입다가 야웨께 서원하였다"(11:30a).[24]

입다는 앞서 길르앗 장로들에게 계획을 말하던 때와 달리, 절박한 언어로 하나님께 직접 서원하며 간청하고 있다. "만일 당신께서 **정말**

로 … 주신다면"이라는 말로 입을 연다. 여기서 히브리어 부정사 절대형(nātôn, 여기서는 부사로 번역되었다)을 사용함으로써 입다가 협상의 말하기 방식을 한계까지 밀어붙이는 중이라는 점을 암시할 수 있다. 선택받은 구원자는 하나님의 영을 받았음에도, 하나님의 도우심을 확신하지 않고 한때 자신을 거절했던 사람들에게 둘러싸이게 된 자기 미래를 걱정하고 있다. 따라서 그는 하나님께 애원한다. "만일 당신께서 **정말로** 암몬 사람들을 내 손에 주신다면…" 조건절의 강렬함이 확고한 귀결절로 이어진다. "내가 암몬 사람들에게 승리하고 돌아올 때, 나를 맞이하러 내 집 문에서 밖으로 나오는 것은 무엇이든 야웨의 것이 될 것입니다. 나는 그것을 번제물로 바칠 것입니다"(11:31). 입다는 조건을 내걸며 하나님께 직접 말하다가 귀결로 넘어가서는 하나님을 3인칭으로 언급하며 화법을 바꾼다. "밖으로 나오는 것은 무엇이든 야웨의 것이 될 것입니다." 이 3인칭 언급은 이야기의 다른 부분에서는[25] 신성한 이름을 사용하는 어법에 해당하지만, 이 문장의 귀결절에서는 독특한 모습이다. 앞서 입다의 협상과는 달리, 이 서원은 조건의 귀결에 주님을 관련시킨다. 틀림없이 이 희생 제물은 **야웨께** 바쳐질 것이다.[26]

이 희생 제물은 강조되어 있지만 그 본질은 불분명하다. 문자 그대로 읽으면 "밖으로 나오는 밖으로-나오는-자"인데, 이는 영어로 옮기기 어려운 강조를 내포한 합성어 표현이다. 또한 이 표현은 남성형이지만 이 자체로는 종이나 성별을 식별할 수 없는 일반 문법적 어법이다. 입다의 말에는 어떤 애매함이 도사리고 있는데, 우리는 그대로 두고 지켜보는 것이 좋다. 그는 남자든 여자든 인간 희생 제물을 바치고자 했을까? 아마 하인을 염두에 둔 것일까? 아니면 동물?[27] 이야기는 여기서 저 말의 정확한 의미가 무엇인지 명확히 하지 않는다. 우리는 결과를 통해서 의미를 알게 될 것이다.

구원자로 등장한 인물은 자기 사생활과 공적 위기를 연결하면서 단독 소행으로 말한 것인데, 왜냐하면 야웨도 길르앗 사람들도 서원을 요구한 적이 없기 때문이다. 게다가 그의 말은 내레이션의 흐름을 방해했다. 그의 말은 하나님의 도움을 짜내기 위해 내레이션 중간에 들어와서 내레이션을 중단시켰다. 아이러니하게도 하나님의 도움은 야웨의 영을 통해 이미 입다에게 주어졌다. 따라서 서원을 내건 것은 불신앙의 행위다. 입다는 영의 선물을 받아들이기보다 하나님을 자기 손에 묶어 두고 싶어 한다. 대가 없이 그에게 온 것을, 그는 자기 수고로 얻어 조종하려 한다. 그의 말의 의미는 신뢰가 아니라 의심이다. 용기가 아니라 통제다. 이러한 서원에 하나님은 아무 대답도 하지 않으신다.

"그런 다음 입다는 암몬 사람들에게로 건너가서 그들과 싸웠다"(11:32a).[28] 우리가 예상한 대로, 야웨의 영이 그의 위에 있으니 결과는 승리다. 내레이터는 결과를 보고하면서 서원의 언어를 차용한다. 입다는 "만일 당신께서 정말로 암몬 사람들을 내 손에 주신다면"이라고 애원했다. 이제 우리는 "야웨께서 그들을 그의 손에 주셨다"(11:32b)라는 내레이션을 읽는다. 앞서 내레이션을 중단시켰던 말이 여기서 내레이션의 일부가 된다. 이 삽화의 마지막에 나오는 이러한 야웨에 대한 언급은 시작할 때 나오는 "야웨의 영"이라는 문구와 균형을 이룬다. 하지만 두 진술은 긴장 관계에 있다. 처음에 나오는 야웨의 영은 입다에게 주신 선물로, 입다가 바라던 결과를 보장하지만 조건을 걸지 않았다. 반면 "야웨께서 그들을 그의 손에 주셨다"라는 두 번째 진술은 서원의 어휘를 사용하므로 자격 없이 주는 선물의 언어가 훼손된다. 다시 말해, 야웨께 서원함으로써 얻어 내려는 계산으로 값없이 베푸시는 주님의 영의 너그러움을 대체한 것이다. 입다는 자신이 원했던 방식으로 원하던 것을 얻었지만, 이긴 것이 잃은 것이라는 점을 이해하지 못했다. 내레이터는 입다의 말을 전용함으로써 서원이 유효하다는 점을 고조시키며 서원의 지속력을 예보하고 **동시에** 이야기의 신학적 입장을 바꾼다.

내레이터는 이러한 신학적 전환을 이루고 나서 승리에 관한 세부 내용을 제공한다(11:33). 얼마나 큰 살육이었으며, 얼마나 압도적인 패배였는가! 심지어 문장의 구문 방식조차 달라진 암몬의 위상을 드러낸다. 앞서 그들은 침략자로 보고되었지만(10:17; 11:4, 5), 이번 삽화와 다음 삽화에서는 행동(11:32, 33)과 담화(11:36; 12:1-3)의 목적어가 된다. "이스라엘을 상대로 전쟁을 일으킨"(11:4) 이들은 이제 "이스라엘 백성 앞에 항복하게 되었다"(11:33). 전쟁은 대화로 이루지 못한 것을 이루어 냈다. 전쟁은 이야기의 발단인 이스라엘과 암몬의 대립을 해결했다.

B. 삽화2: 승리의 보답, 11:34-39B 이 장면은 아직 끝나지 않았다. 삽화1에서의 살육이 삽화2의 희생을 낳는다. 우리의 연구는 특히 두 번째 삽화에 초점을 두고 있으므로 면밀히 분석할 만하다. 이 삽화의 대칭 배열이 형식과 내용을 특징짓는다. 동시에 부분별 분량 차이로 대칭이 틀어지면서 의미도 달라진다.[29] 이 단락은 내레이션으로 시작해서 (11:34-35a) 내레이션으로 마친다(11:38b-39b). 내레이션이 직접 담화 (11:35b-38a)를 에워싼다. 각각의 내레이션 안에서는 입다의 행동이

딸에 대한 묘사를 에워싼다. 직접 담화도 마찬가지로 아버지가 하는 두 번의 말(11:35b와 11:38a)이 딸이 하는 두 번의 말(11:36과 11:37)을 에워싸는 구조다. 디자인과 내용은 아버지가 딸을 가두어 딸의 삶을 결정하고 있음을 보여 준다. 심지어 딸을 죽음에 가둔다.

a. 내레이션: 입다가 자기 딸을 가두다.

이제 입다가 미스바에서 자기 집으로 돌아오는데

바로 그 순간 그의 딸이 밖으로 나와서
소고 치고 춤추며 그를 맞이하였다.
그녀는 그의 유일한 자녀로,
그에게는 그녀 외에 아들도 딸도 없었다.

그는 그녀를 바라보며 자기 옷을 찢었다.

b. 직접 화법: 아버지가 말하다.

그가 말했다.

"아, 내 딸아!
네가 나를 괴롭히는구나.
너는 내 재앙이 되었다.
내가 내 입을 야훼께 열었으니
나는 돌이킬 수가 없구나."

c. 직접 화법: 딸이 말하다.

그녀가 그에게 말했다.

"내 아버지,

당신께서 당신의 입을 야웨께 열었으니

당신의 입에서 꺼낸 말대로

나에게 하십시오.

왜냐하면 야웨께서 당신에게

당신의 적 암몬으로부터의 구원을 행하셨기 때문입니다."

c′. 직접 화법: 딸이 말하다.

그리고 그녀는 자기 아버지에게 말했다.

"나를 위해 이것을 하도록 허락해 주시오.

나를 두 달 동안 혼자 있게 두셔서

내가 산 위에 가서 돌아다니며

내가 처녀임을 놓고 애곡하게 해 주시오.

나와 내 여자 친구들이 말이오."

b′. 직접 화법: 아버지가 말하다.

그리고 그가 말했다.

"가거라."

a′. 내레이션: 입다가 자기 딸을 죽음에 가두다.

그래서 그는 그녀를 두 달간 보냈다.

그녀와 그녀의 여자 친구들은

산에 올라가 그녀가 처녀임을 놓고 애곡했다.

두 달이 지나 그녀는 자기 아버지에게 돌아왔다.

그리고 그는 자신이 서원했던 자신의 서원을 그녀에게 행했다.

(a) 삽화2는 입다가 구했던 승리의 귀결이다. 그의 서원은 반드시
지켜져야 한다. 서원한 장소는 알맞게도 미스바로, 이스라엘이 암몬
과 맞선 진지이자 입다가 주님 앞에 아뢰었던 곳이다(11:11; cf. 11:29-
31). 그는 한때 돕 땅에 거주했지만, 이 추방되었다가-구원자가-된-
자는 이제 길르앗 성읍에 정착한다. 그는 암몬에게 승리를 거두었기
때문에 당연히 자기 집 문턱에 이르렀다. "입다는 미스바에, 자기 집
에 이르렀다"(11:34a). 이 서론적 진술은 입다의 서원을 떠올리게 하
여 추측과 심지어 불안을 불러일으킨다. 무엇이 그를 맞이할까? 내
레이터는 보통 "보라"로 번역되는 강조의 히브리어 hinnēh를 사용하
여 이러한 궁금증에 대한 답을 부각하며 바로 뒤에 "그의 딸"이라는
가족적 주어를 사용한다.[30] 우리는 이 부분을 "바로 그 순간 그의 딸
이…"로 옮길 수 있을 것이다.[31] 두 개의 히브리어 단어만으로도 앞으
로 펼쳐질 으스스한 공포의 조짐이 된다. 그다음 말은 이 공포를 확
인시켜 준다. 왜냐하면 입다의 서원에서 직접 가져온 말이기 때문이
다. 입다는 "나를 맞이하러(qr') 밖으로 나오는(yṣ') 것은 무엇이든"
(11:31)이라고 약속했다. 이제 우리는 "바로 그 순간 그의 딸이 그를
맞이하러(qr') 밖으로 나와서(yṣ')"라는 말을 듣는다(11:34b). 입다의 서
원에 남아 있던 애매함이 사라졌다. 그의 딸이 그의 희생 제물이다.
그녀는 입다의 불신앙으로 인해 죽어야 한다. 입다가 자기 부모의 죄
로 고통받았다 한다면, 이 아이는 자기 아버지의 계략 때문에 얼마나
더 큰 고통을 떠맡는 것인가. 불신앙이 3대까지 이르러 비루한 열매

입다의 딸: 비인간적 희생 제물 | 147

를 맺는다. "길르앗에는 약이 없느냐?"(렘 8:22).

"바로 그 순간 그의 딸이 그를 맞이하러 밖으로 나와서." 우리는 바로 알아차렸지만, 그녀는 아직 모르고 있다. 그녀는 "소고 치고(*tuppîm*) 춤추며(*měḥōlôt*)" 아버지의 승리를 축하하러 밖으로 나온다. 그 녀는 가장 먼저 기쁘게 맞이하는 것이 자기 죽음을 확정 짓는다는 것을 모른 채 거리낌 없이 나온다. 이 민족의 전통을 잘 아는 사람들에게 그녀의 모습은 느닷없는 행동이 아니다. 오래전 야웨께서 바로와 그의 병거와 기병에게 바닷물을 되돌리신 후, 예언자 미리암이 "손에 소고를 드니, 모든 여인이 그녀를 따라 나와(*yṣ'*) 소고 치고(*tuppîm*) 춤추었다(*měḥōlôt*). 미리암이 그들에게 화답하여 노래하였다.

> 야웨를 찬송하라, 영화로운 하나님을!
> 하나님이 말과 기수를 바다에 던지셨도다." (출 15:19-21)

그리고 몇 세기 후 "다윗이 블레셋 사람을 죽이고 돌아올 때, 여인들이 이스라엘 모든 성읍에서 나와서(*yṣ'*) 노래하며 춤추며(*měḥōlôt*) 소고 (*tuppîm*)와 꽹과리를 가지고 기쁨의 노래와 악기 연주로 사울 왕을 맞이하였다(*qr'*). 그리고 여인들은 즐거워하며 서로 노래를 주고받았다.

> 사울이 죽인 자는 천천이요
> 다윗은 만만이로다." (삼상 18:6-7)

입다의 딸은 이 고대의 숭고한 여성 무리처럼 "소고 치고 춤추며", 승리를 거둔 자기 아버지를 맞으러(*qr'*) 나온다(*yṣ'*). 그들과는 달리 그녀는 혼자 나오고 있고 노랫말도 보이지 않는다. 이 차이는 전형적이면서도 무언가 다른 환희의 의식이라는 끔찍한 아이러니를 강조한다. 더군다나 내레이터는 보기 드문 점층적 표현을 통해 아이가 외톨이임을 **그리고** 부모가 진퇴양난임을 강조한다. "그녀는 그의 유일한 자녀로,[32] 그에게는 그녀 외에 아들도 딸도 없었다."(11:34c).

이스라엘 전승에는 전에 언젠가 이에 필적하는 가슴 아픈 일과 함께 이러한 언어가 등장한 적 있다. 그때에도 하나님은 전쟁에서 승리한 적 있는 큰 용사에게 말씀하셨다(창 14:13-24).[33] "아브라함아, … 네 아들, 네가 사랑하는 너의 유일한 자($y\bar{e}\d{h}\bar{\imath}d\bar{e}k\bar{a}$) 이삭을 데리고 … 그를 번제로 바치라"(창 22:2; cf. 22:12, 16).[34] 이 경우 하나님의 목소리가 그의 신앙에 대한 신적 시험을 시작하셨지만, 우리의 이야기에서는 하나님이 침묵하시고 내레이터의 서술이 불신앙에 대한 인간적 서원을 드러낸다. 입다는 아브라함이 아니다. 신뢰가 아닌 불신이 그의 유일한 자녀를 지목했다. 게다가 약속의 아들은 '이삭'이라는 이름을 가지고 있었다. 이삭에게는 상당한 혈통도 있었다. '사래'라는 이름을 가진 어머니와(창 11:29) '데라'라는 이름을 가진 할아버지가 있었다(창 11:27). 반면 큰 용사 입다의 딸에게는 이름이 없다. 그녀의 아버지는 사생아다. 그녀의 어머니는 언급조차 되지 않았다. 그녀의 할머니는 매춘부였다. 할아버지의 정체는 확인할 수 없다. 이렇게 이 소녀는 이스라엘 전승에서뿐만 아니라 이 이야기에서도 외따로 떨어진 인물로 등장한다. "그녀는 그의 유일한 자녀로, 그에게는 그녀 외에 아들도 딸도 없었다." 내레이터의 서술이 동정심을 유발하기 위해 그녀를 지목하고 있는 것이라면, 이는 동시에 자신의 서원으로 가장 소중한 소유물을 파괴하게 된 입다에 대한 동정심을 불러일으킨다.

아버지와 딸은 비극의 애매함 속에 결합되어 있다.

딸은 승리한 용사를 맞이하러 집에서 나옴으로써 자기 아버지의 서원을 실현한다. 등장인물들이 이 끔찍한 상황에 직면하기 전에, 독자들에게 이 상황이 분명하게 보인다. 입다는 딸을 보자 자기 옷을 찢는다(11:35a). 그것은 절망, 슬픔, 한탄의 표현이다[35] — 그런데 누구를 위한? 내레이션이 넌지시 비춘 것을 직접 담화는 선명하게 드러낸다. 입다는 자기 딸을 위해서가 아니라, 자기 자신을 위해 한탄하고 있다.

(b) 그의 입술에서 비통한 외침이 나온다. "아,[36] 내 딸아!" 그리고 강한 책망의 말이 이어진다. "네가 나를 괴롭히는구나(*kr‘*). 너는(*‘att*) 내 재앙(*‘kr*)이[37] 되었다"(11:35b). 히브리어 첫 번째 절의 첫머리에서 히필 부정사 절대형(*hakrēa‘*)은 망연자실하게 만든 딸의 행동을 강조한다.[38] 두 번째 절의 첫머리에서 독립 대명사 '**너**'는 그녀를 재앙의 원인으로 더욱 강조한다.[39] 이 두 절 사이에서 동사 '**괴롭히는구나**'와 명사 '**재앙**'의 언어유희는 또다시 책망을 그녀에게 둔다. 다섯 단어의 히브리어가 모두 아버지가 아이를 비난하고 있음을 부각한다. 몇몇 고대 사본에는 "너는 나에게 걸림돌이 되었구나"라는 세 번째 절도 있다.[40] 되풀이하자면, 입다의 언어는 자신을 지켜 내고, 원망은 희생자를 제압한다. 상황이 드러나서 인지된 순간, 입다는 자기 자신을 생각하고 비난을 딸에게 돌리며 그녀를 궁지에 몰아넣는다. 그는 이어서 단호하게 말한다. "내가(*ānōkī*) 내 입을 야웨께 열었으니 나는 돌이킬 수가 없구나"(11:35c).

불신으로unfaithful 말미암은 서원에 대해 신의faithfulness를 지킴으로써 불신의 희생자를 만들어 낸다. 아버지와 딸은 행동과 운명이 갈린다.

그는 비록 "내 딸아" 하고 그녀를 부르고는 있지만, 그는 딸을 위로하지도 않고 자기 서원의 굴레에서 놓아 주지도 않는다. 그의 말은 아브라함의 연민과도 갈라진다. 아브라함은 "내 아들아, 번제할 어린양은 하나님이 자기를 위하여 친히 준비하실 것이다"(창 22:8)라는 말로 이삭을 안심시켜 주었다. 말을 흐리는 듯하지만 신앙으로 말한 것이었다. 아브라함과 달리, 입다는 재앙을 면하게 할 자유가 하나님께 있음을 일깨우지 않았다. 다윗과 달리, 자기 자식 대신 죽기를 바라지도 않았다(삼하 19:1).[41] 딸은 음악과 춤으로 아버지를 헌신적으로 섬겼지만, 입다는 그녀가 자신에게 재앙을 가져왔다고 비통해한다. 그리고 하나님은 내내 아무 말도 하지 않으신다.

(c) 딸은 용기 있게 결단을 내려 아버지에게 대답한다. 딸은 서원의 구체적인 내용을 듣지 못한 상태지만,[42] 그의 말이 불가피하다는 점만으로 충분했다. 그는 아버지의 말을 반박하거나 반항하지도 않고, 분노나 우울함을 표하지도 않는다. 자기 연민의 감정을 입에 담지도 않는다. 오히려 그녀는 아버지에게 연민을 느낀다. 아버지의 연민은 딸에게까지 이르지 않았는데도 말이다. "그녀가 그에게 말했다. '내 아버지.'" 한때 이삭도 똑같이 친밀한 단어로 말했지만(창 22:7), 지금은 그 언어가 얼마나 다른가. 이삭과 달리 이 아이는 아버지가 무엇을 할지 알면서도 부드러운 말로 아버지를 감싸 안아 준다. 그녀가 아버지를 부르는 말은 또 아버지가 딸을 부르는 말과 얼마나 다른가. 아버지는 "내 딸아" 하고 부르면서 책임을 전가한다. 그는 자기 자신에게 신경을 쓰는 중이다. 반면 딸은 "내 아버지" 하고 부르면서 아버지를 정당화해 준다. 아버지에게 용기를 주는 것이다. 하지만 두 사람의 반응은 모두 하나님께 말한 서원을 어길 수 없다고 증언한 것

이다(cf. 민 30:3; 신 23:22-24).

입다는 "내가 내 입을 야웨께 열었으니 나는 돌이킬 수가 없구나"
라고 말했다. 딸의 대답은 그러한 이해를 반향하고 있다.

> 당신께서 당신의 입을 야웨께 열었으니
> 당신의 입에서 꺼낸 말대로 나에게 하십시오.
>> 왜냐하면 야웨께서 당신에게
>>> 당신의 적 암몬으로부터의 구원을 행하셨기 때문입니다." (11:36)[43]

그의 입에서 꺼낸(yṣ') 말이(11:36) 그의 집에서 나온(yṣ') 딸이 되었다
(11:34). 그는 자신이 주님께 선언했던 바를 딸에게 해야(ʿśh) 한다. 왜
냐하면 주님은 그가 요구한 것을 그에게 하셨기(ʿśh) 때문이다. 이 젊
은 여인은 이 점을 잘 이해하고 있다. 그녀는 "죽고 사는 것이 혀의
힘에 달려 있음"(잠 18:21)을 알고 있다. 그런 까닭에 그녀는 자기 아
버지가 서원한 것을 지키게 해 준다. 그녀는 이 잔이 자기에게서 지
나가기를 기도하지 않는다.

(c') 그렇다고 그녀가 조용히 따르기만 한 것은 아니다. 그녀는 불
가피함의 한계 안에서 자신을 위한 조건을 내건다. 이 희생자는 책망
으로 인해서가 아니라 결백함으로 책임을 떠맡은 것이기 때문이다.
내레이터는 그녀의 두 번째 말을 이렇게 보고한다. "그리고 그녀는
자기 아버지에게 말했다"(11:37a). 이번에는 내레이터만 아버지라는
어휘를 사용하고 딸은 사용하지 않는다. 거리가 달라진다. 이미 자신
의 말로 아버지를 감싸 안은 아이는 이제 자신을 번제물로 드릴 집행
자에게서 뒤로 물러선다. 이어지는 그녀의 요청으로 이 거리두기가

명확해진다. 그녀는 "나를 위해 이것(*dābār*)을 하도록 허락해 주시오"라는 말로 운을 뗀다(11:37b, RSV). 이 동사와 이 동사의 전치사의 목적어는 그녀가 앞서 했던 말과 언어유희 작용을 한다. 앞서 그녀는 이렇게 말했다. "나에게(*lī*) 하십시오(*śh*). 왜냐하면 야웨께서 당신에게(*lĕkā*) … 행하셨기(*śh*) 때문입니다." 하지만 먼저 "나를 위해(*lī*) 이것을 하도록(*śh*) 허락해 주시오.

> 나를 두 달 동안 혼자 있게 두셔서
>> 내가 산 위에 가서 돌아다니며[44]
>>> 내가 처녀임을 놓고 애곡하게 해 주시오.
> 나와 내 여자 친구들이 말이오." (11:37c)

유예를 요청한 것이다. 그녀는 아버지와 아버지의 서원으로부터 멀리 떨어진 시간과 장소를 요청하고 있다. 그 시간은 죽음을 위한 애통이 아니라, 제대로 채우지 못한 삶을 위한 애통으로 채워질 것이다.

확실히 죽음은 삶의 일부다. "우리는 다 죽는다. 땅에 쏟아지면 다시 담지 못하는 물과 같다"(삼하 14:14). 그럼에도 이 특별한 죽음은, 자연적이며 예상할 수 있는 어떤 범주에도 맞지 않는다.[45] 첫째, 이 죽음은 시기상조다. 삶의 가능성이 펼쳐지기도 전에 삶이 끝난다. 히스기야_{히스키아} 왕이 삶의 "정오 무렵에" 떠나야 해서 심히 통곡했다면(사 38:3, 10), 하물며 삶의 아침에 서 있는 이 아이는 얼마나 더 통곡해야 하겠는가. 둘째, 그녀의 죽음은 폭력적이다. 불에 타는 죽음은 고통스러운 죽음인데, 죽음을 만들어 낸 장본인이 아버지라면 훨씬 더 고통스럽다. 셋째, 그녀는 처녀이므로 그녀의 죽음은 상속자를 남기지 않을 것이다. 그녀는 히브리 여인에게 성취감을 주는 것으로 지정된 유일한 것, 즉 아이를 낳는다는 것을 결코 알 수 없을 것이다(cf. 삼상 1:1-20). 실제로 그녀의 뒤를 이을 자식이 없다면 그녀는 기억되지 않는 사람들, "마치 이 세상에 존재한 적 없었다는 듯이 사라진"(집회서 44:9) 사람 중 하나가 될 것이다. 너무 일찍, 폭력적으로, 후사도 없이. 이 모든 부자연스러운 죽음의 방식이 이 어린 여인에게 닥쳤고, 그렇다고 이를 모를 수 있는 나이도 아니다. 그녀의 죽음은 미리 계획된 죽음이며, 어리석은 아버지가 한 불신의 서원 때문에 무죄한 희생자에게 선고된 살인과도 같은 사형이다. 이러한 상황들이 그녀의 요청에 감돌고 있다. "내가 산 위에 가서 돌아다니며 내가 처녀임을 놓고 애곡하게 해 주시오."

그녀의 발화에서 마지막 말은 이야기에 새로운 차원을 도입한다. 지금까지는 그녀가 외톨이임을 강조했다. 그녀는 "유일한 자녀"다. 그녀는 혼자 음악과 춤으로 아버지를 맞이하였다. 그리고 자신을 두 달 동안 혼자 있게 해 달라고 요청했다. 그러나 그녀는 그러고 나서 "나(ānōkî)와 내 여자 친구들"이라고 덧붙인다. 자기 인생의 마지막 날들, 가장 깊은 슬픔의 시기에, 소녀는 다른 여성들에게 손을 뻗는다. 그녀는 이 여인들과 함께 산에 가서 돌아다니며 자신이 처녀임을 놓고 애곡하는 길을 택한다. 그녀는 자기 동류와 교감하면서 딸과 아버지 사이의 거리를 초월한다. 그녀는 이 친구들을 마지막으로 언급하고 더 이상 입을 열지 않는다. 그녀는 불가피한 결정의 범위 안에서 자신의 의미를 형성했다.

(b′, a′) 아버지는 단순 명료하게 이 요청을 허락한다. 그는 말한다. "가거라."—이 이야기에서 그의 마지막 말이다(11:38a). 여기서부터는 내레이터만 말한다. 내레이터는 딸의 발화 패턴을 가져와서 그녀

의 계획이 실현되었다고 보고한다. "그래서 그는 두 달 동안 그녀를 떠나보냈다. 그녀는 자기 여자 친구들과 함께 산 위에 가서 그녀가 처녀임을 놓고 애곡하였다"(11:38). 그녀는 자기 비극을 아는 다른 여인들과 함께 있기에 혼자가 아니며 외톨이도 아니다. 그녀는 자기가 요청한 대로 자기 삶의 마지막 날들을 보낸다.

두 달이라는 약속된 시간이 끝나자 딸은 아버지에게로 돌아온다 (11:39ₐ). 내레이터는 아무런 평가도 내리지 않고 재빨리 그 일에 대해 말한다. "그는 자신이 서원했던 자신의 서원을 그녀에게 행하였다"(11:39ᵇ). 절정의 순간에 긴장감을 돋우기 위해 세세한 내용을 쌓고 또 쌓아서 내러티브의 진행 속도를 늦춘 아브라함과 이삭의 희생 제물 이야기와 이 이야기는 얼마나 다른가.

그들이 하나님이 말씀하신 곳에 이르자
아브라함은 거기에 제단을 쌓고 제단 위에 장작을 벌려 놓았다.
그런 다음에 제 자식 이삭을 묶어서 제단 위에,
  장작 위에 올려놓았다.
그런 다음 아브라함은 자기 아들을 죽이려고
  자기 손을 내밀어 그 칼을 들었다. (창 22:9-10, RSV)

이 긴장감은 견딜 만한데, 이삭이 죽음을 면할 것이기 때문이다. 마지막 순간에 주님의 천사가 와서 "그 사내아이에게 네 손을 대지 말고 그에게 아무 일도 하지 말라"(창 22:12ₐ, RSV)는 명령으로 이전에 내린 "네 아이를 죽이라"는 하나님의 명령을 취소한다. 그러나 입다의 딸 이야기에서는 어떤 천사도 아이를 구하기 위해 개입하지 않는

다. 아버지는 정확히 자기가 말한 대로 인간의 서원을 수행한다. 하
나님도 남자도 여자도 이 서원을 취소하지 않는다. 그래서 내레이터
는 우리가 세세한 내용으로 인한 긴장감과 고통을 면하게 해 준다.
비루한 결과는 그 자체만으로도 충분하다. 그래서 다섯 마디의 히브
리어로 이를 전하고 있다. "그가-서원했던 것인 그의-서원을 그녀에
게 그가-행하였다"(11:39c). 저 아들은 구조되었지만 딸은 죽임당했
다.[46] 진실로 "그날의 승리는 슬픔이 되었다"(삼하 19:2, RSV).

  동사 '하다'는 이제 이 삽화에서 그 몫을 다했다. 그녀는 "당신의 입
에서 꺼낸 말대로 나에게 **하십시오**. 왜냐하면 야웨께서 당신에게 구
원을 **행하셨기** 때문입니다"(11:36)라고 말했다. 따라서 "그는 자신이
서원했던 자신의 서원을 그녀에게 **행하였다**"(11:39b). 서원이라는 단
어는 우리로 하여금 장면 전체의 시작점(11:30)으로 돌아가게 하고,
그럼으로써 공적 위기와 사적 위기가 순환적 구성 안에 맞물리게 한
다.[47] 서원은 승리로 이어졌고, 승리는 희생자를 낳았으며, 희생자는
폭력으로 죽었고, 결국 폭력은 서원을 성취했다. 처음부터 끝까지 이
불신의 어리석은 서원이 주체가 되었다. 이 서원은 방식은 다르지만
아버지와 딸을 모두 통제한다. 게다가 하나님 앞에 서원을 제시했지
만, 서원을 받는 대상이신 하나님조차 침묵으로 일관하신다.[48] 서원의
위력 아래서 딸은 마지막 숨을 거두었다. 나의 하나님, 나의 하나님,
어찌하여 그녀를 버리셨나이까?[49]

C. 후기를 두다, 11:39C-40 그러나 죽음과 침묵이 이야기의 마지막 말
은 아니다. 실제로 내러티브의 후기는 그 의미를 서원에서 희생자로
옮겨 놓는다. 살아남은 아버지에서 딸에게로, 너무나 일찍 폭력적으

로 죽은 딸에게로, 자기 이름을 기억하게 할 아이가 없는 딸에게로 옮겨 놓는다(cf. 삼하 18:18). 내레이터는 후기를 시작하며 그녀에게 자녀가 없음을 다시 강조한다. "그녀는 남자를 알지 못하였다"(11:38c). 그다음에 나오는 세 단어는 오랜 세월 동안 거의 만장일치로 "그것이 이스라엘에서 관습이 되었다"(11:39d)로 번역되었다. 이 절의 동사는 '**이다**' 내지 '**되다**'의 여성 단수형이다. 히브리어에는 중성이 없으므로, 이러한 여성형은 중성적 의미일 수 있고[50] 그래서 전통적으로 "그것이 … 되었다"로 읽은 것은 확실히 정당하다―하지만 민감하게 인식한 번역이 아닐 수도 있다. 실제로 문법, 내용, 문맥은 이러한 번역에서 벗어날 만한 설득력 있는 이유를 제공한다. 앞 절에서는 '**그녀**'가 동사의 주어다. "그녀는 남자를 알지 못하였다." 여성형 독립대명사(*hi'*)가 주어를 강조하고 있다. 마찬가지로 여성형 동사 '**되다**'의 문법적 성은 딸 본인을 가리킬 수 있다.[51] 또한 보통 '**관습**'을 가리키는 저 말(*ḥōq*)은 '**전설**'tradition, 전통을 의미할 수도 있다.[52] 결과적으로 "그녀는 이스라엘에서 전설이 되었다"로 번역할 수도 있다.

다시 말해, 후기는 보기 드문 전개를 보고한 것이다. 일반적으로 남자를 알지 못하는 여성은 기억되지 않는 사람의 하나로 여겨지는데, 입다의 딸의 경우 그런 일반적인 일로 끝나지 않는다. "비록 **그녀**가 남자를 알지 못했음에도 불구하고, **그녀**는 이스라엘에서 전설이 되었다." 이 문장은 입다의 불신 서원이 가져온 최후를 바꾸지는 못했지만, 극적인 방식으로 그 결말을 바꾸어 놓는다. 이 변화는 다음 행이 설명하듯이 이스라엘 여인들의 신실함이 가져온 것이다. "해마다 이스라엘의 딸들은 길르앗 사람 입다의 딸을 애도하려고 가서 연중 나흘을 보냈다"(11:40).[53] 이름 없는 처녀 아이가 이스라엘에서 전설이 된 것이다. 그녀가 자신의 마지막 날들을 함께 보내려고 선택한 여인들이 그녀가 잊히게 내버려 두지 않았기 때문이다. 그들은 특별한 장소에서 해마다 반복하여 애도하는 증언 활동을 수립하였다.[54] 그들은 그녀를 기념하기 위해 이렇게 한 것이다(cf. 고전 11:24-25). 그렇다면 후기는 서원에서 희생자로, 죽음에서 생명으로, 망각에서 기억으로 이야기의 초점을 옮기는 것이다. 놀랍게도 이 불신앙과 희생의 사가는 여인들의 애도를 통해 이 비극을 떨쳐 내지는 못하더라도 슬픔을 덜어 주고 있다.

이야기에 대한 반응

성서의 반응 "지나가는 모든 사람이여, 이 일이 그대와는 관계가 없는가?"(애 1:12a, RSV). 슬프게도 신앙의 경전들은 이 이야기의 뉘앙스들을 인식하고 해석하지 못했다. 가부장적 해석학은 수 세기 동안 입다의 딸을 잊었지만 그녀의 아버지는 기억했고, 실제로 그를 칭송했다. 가장 초기의 증거는 입다 이야기 덩어리의 결론에 있다. 그것은 희생제물이라는 사적 위기에서 지파 간 공적 대립으로 시선을 옮긴다(12:1-7).[55] 무장한 에브라임 사람들의 도전을 받은 입다는 길르앗 사람들을 이끌고 대승을 거둔다. 큰 용사는 비난받는 일 없이 승리를 거둘 뿐이다. 그가 외동딸에게 저지른 폭력은 전혀 그의 발목을 잡지 않는다.[56] 결국 그는 천수를 다하여 죽고 모범적인 사사에게나 어울리는 평가를 받는다(12:7).[57] 게다가 그의 군사적 승리는 이후에 그의 이름을 더욱 높여 준다. 구체적으로 예언자 사무엘은 이스라엘에게 이렇게 선언한다. "야웨께서 … 입다를 보내셔서 … 너희를 너희 원수들의 손에서 구하셨는데…"(삼상 12:11, RSV).

구약성서가 시작한 것을 외경이 이어간다. 우리는 유명한 인물들을 칭송하는 집회서의 화답 찬가에서 입다가 그 중 한 자리를 차지하고 있다고 추측할 수 있다.

사사들은 그 하나하나가 높은 명성을 떨쳤고
　그들은 모든 우상 숭배를 물리쳤으며
주님께 등을 돌리지 않았다.
　그들의 기억이 주님의 축복 속에 길이 남기를!
또 그들의 뼈가 무덤에서 다시 꽃피어 나고
　그들의 이름이 자손들에게[58]
　영원히 빛나기를! (집회 46:11-12, RSV)

외경이 이어간 것을,[59] 신약성서는 승전가처럼 마무리한다. 히브리인들에게 보낸 편지에서, 입다는 **"신앙을 통해** 나라들을 정복하였고, 정의를 강화하였고, … 칼날을 피하고, 약한 데서 강해지고, 전쟁에서 용사가 되었고, 이방 군대를 물리친" 사람 목록에 분명히 이름을 올렸다(히 11:32-34, RSV*). 입다는 칭송받고 그의 딸은 잊혔다. 불신앙이 신앙이 된 것이다. 이와 같이 성서는 고대의 이야기를 거슬렀으나, 이 이야기는 오늘날 우리에게 복원되고 전유되기 위해 세월을 견뎌 냈다.

독자들의 반응 이스라엘의 딸들과 같이, 우리는 길르앗 사람 입다의 딸을 기억하고 애도한다. 그녀의 죽음으로 우리는 모두 쇠해지지만, 우리가 기억함으로써 그녀는 영원히 성인으로 여김을 받는다. 그녀는

'살아남지' 못했지만, 불신앙의 아버지를 둔 용감한 딸들에게 분명한 상징이 된다. 그녀의 이야기는 이렇게 짤막하지만 상상력을 불러일으키고 독자의 반응을 이끌어 낸다.[60] 슬픔의 노래는 합당한 헌사^offering 이기에, 이스라엘의 딸들이 입다의 딸을 위해 매년 애도하지 않았는가? 성서 전승 자체가 이러한 헌사를 위한 모델과 맞상대^foil를 제공한다. 다윗은 사울과 요나단을 위한, 전쟁의 맹위 속에서 너무 일찍 죽은 아버지와 아들을 위한 애가를 불렀다(삼하 1:19-27). 다윗은 슬픔을 못 이기고 울부짖는다.

> 이스라엘아, 네 영광이 산 위에서 죽임을 당하였구나!
>> 아이고 두 용사가 엎드러졌구나! (삼하 1:19, RSV)

마음에 아른거리는 이 노랫말을 정선율과 대선율 삼아, 이스라엘 딸들의 정신으로 입다의 딸을 기억하고 애도하자.

> 이스라엘아, 네 딸이 산 위에서 죽임을 당하였구나!
>> 아이고 힘없는 이가 엎드러졌구나!
> 이 일을 암몬에도 알리고
>> 랍바 거리에도 전하자
> 암몬의 딸들이 즐거워하지 않으며
>> 적의 딸들이 개가를 부르지 않을 것임이라.

> 길르앗에도 알리고
>> 미스바 거리에도 전하자

이스라엘의 아들들이 잊었고
　　언약의 아들들이 전혀 기억하지 못하기 때문이라.

길르앗 골짜기들아,
　　너희 위에 이슬과 비가 내리지 아니하며
　　깊은 곳에서 샘이 솟지도 아니하리라
거기서 힘없고 무죄한 이가 더럽혀졌고
　　용사의 외동딸이 제물로 바쳐졌음이라.

서원의 횡포에서
　　희생 제물의 피에서
이름 없는 아이가 뒤로 물러서지 아니하였으며
　　딸의 용기가 떠나지 아니하였구나.

입다의 딸이여, 사랑스럽고도 사랑스러운 이여!
　　살아서나 죽어서나 처녀인 딸아,
제 아비를 음악과 춤으로 맞이하였다가
　　분명하고 굳세게 그의 비난을 마주하는구나.

이스라엘의 딸들아, 네 자매를 위해 울라
　　그는 어리석은 제 아비의 저버림을 겪고도
　　위로와 사랑을 네게 돌렸구나.

아이고 힘없는 이가 엎드러졌구나

승리의 한복판에서!

입다의 딸이 네 산 위에서 죽임을 당하였구나.

나 그대를 위해 우노라, 내 작은 자매여.

네 이야기가 나에게 너무 사무치는구나.

　　네 용기는 나에게 아름다움이니

　　남자들의 용기보다 빼어나구나.

아이고 힘없는 이가 엎드러졌구나

　　불신 서원에 바쳐진 참혹한 희생 제물이여!

주

40주년 기념판 서문

1. James Muilenburg, "Form Criticism and Beyond," *Journal of Biblical Literature* 88, no. 1 (March 1969): 1–18; James Muilenburg, "The Linguistic and Rhetorical Usages of the Particle Ky in the Old Testament," *Hebrew Union College Annual* 32 (1961): 135–60.

2. Phyllis Trible, *God and the Rhetoric of Sexuality* (Philadelphia: Fortress, 1978). 1.『하나님과 성의 수사학』, 유연희 옮김(서울: 태초, 1996).

3. Phyllis Trible, "Wrestling with Faith," *Biblical Archaeology Review* 40, no. 5 (September 2014): 64.

4. Phyllis Trible, *Rhetorical Criticism: Context, Method, and the Book of Jonah* (Minneapolis: Fortress, 1994).『수사비평: 역사, 방법론, 요나서』, 유연희 옮김(고양: 한국기독교연구소, 2007; 서울: 알맹e, 2021[전자책]).

5. EDS에 입학한 신입생은 신학 실천의 토대들(Foundations for Theological Praxis)을 이수해야 한다. 이는 다문화 조직 발전을 위한 컨설팅 그룹인 비전스(VISIONS, https://visions-inc.org/)의 인종차별 반대, 억압 반대 교과과정을 기반으로 한다. 이 훌륭한 훈련은 EDS에서 가르치는 다른 모든 수업으로 이어진다.

서문

● 옮긴이 주: 성서 본문은 개역개정(1998), 새번역(2001), 공동번역개정(1999) 중 저자가 제시한 본문에 가까워 보이는 것을 바탕으로 하여 한국어로 옮겼다. 그리고 저자가 사용한 역본 정보를 제시하기 위해 원문의 표기를 유지했다. 또한 RSV와 대조하여 역자가 변경한 의도를 살리려고 노력하였고, 약간 어색하더라도 어순을 살리는 데 중점을 두었다. 그럼에도 의미상 중요한 어순을 살릴 수 없는 경우 저자의 영역(英譯)을 함께 제시했다.

서설: 슬픈 이야기를 나누기에 앞서

1. Paul Ricoeur, *Interpretation Theory* (Fort Worth: Texas Christian University Press, 1976), p. 75를 보라. 『해석 이론』, 조현범 옮김(서울: 서광사, 1996).

2. 앞 문장들의 성서 인유(引喩, allusion)에 대해서는 예레미야 31:22, 이사야 32:3-4; 35:5; 55:10-11을 보라.

3. 화자와 이야기에 대해서는 다음을 보라. Robert Scholes and Robert Kellogg, *The Nature of Narrative* (New York and London: Oxford University Press, 1966); Mary McCarthy, "Novel, Tale, Romance," *The New York Review of Books*, 12 May 1983, pp. 49-56. 독자에 대해서는 다음을 보라. Wolfgang Iser, *The Act of Reading* (Baltimore: Johns Hopkins University Press, 1980). 나는 이 세 참여자에게 집중했지만, 어떤 비평가들은 이를테면 내포 작가(implied author)와 내포 독자(implied reader)도 고려할 것이다. 이에 대해서는 다음을 보라. Wayne C. Booth, *The Rhetoric of Fiction* (Chicago: University of Chicago Press, 1961); Wolfgang Iser, *The Implied Reader* (Baltimore: Johns Hopkins University Press, 1978); Susan R. Suleiman and Inge Crossman, eds., *The Reader in the Text* (Princeton, N.J.: Princeton University Press, 1980). 다음은 이 모든 문제 및 관련 주제들에 대한 유용한 논의를 담고 있다. Shlomith Rimmon-Kenan, *Narrative Fiction: Contemporary Poetics* (London: Methuen & Co., 1983) 와 Terry Eagleton, *Literary Theory: An Introduction* (Minneapolis: University of Minnesota Press, 1983).

4. Ursula K. LeGuin, "It Was a Dark and Stormy Night; or, Why Are We Huddling about the Campfire?" in *On Narrative*, ed. W. J. T. Mitchell (Chicago: University of Chicago Press, 1981), p. 195. LeGuin은 다음과 같이 이야기를 이어간다. "당신의 이로 이야기를 물고, 독이 아니길 바라며 피가 흐를 때까지 깨물어라. 우리는 모두 결말에, 심지어 시작에 다함께 이를 것이다. 우리는 그러면서 이야기의 한복판에 산다."

5. 우리 시대에서는 히로시마와 나가사키에 투하된 핵공격, 나치의 죽음의 수용소, 베트남에서의 학살, 네 명의 수녀를 살해한 일을 비롯한 엘살바도르에서의 잔학 행위들, 베이루트에서의 팔레스타인 주민 대학살을 그러한 역사적 증거로 생각해 볼 수 있지만, 이러한 사건이 아니더라도 예는 차고 넘친다. 우리는 그저 신문을 보거나, 친구나 낯선 이들과 대화를 나누거나, 안을 들여다보는 것만으로도 개별 공포 이야기들을 접할 수 있다.

6. 이러한 원리에 대한 논의와 예는 매우 다양한데, 그중에서도 다음을 보라. G. W. H. Lampe and K. J. Woolcombe, *Essays on Typology* (Naperville, Ill.: Alec R. Allenson, 1957); Brevard S. Childs, *Biblical Theology in Crisis* (Philadelphia: Westminster Press, 1960), pp. 139-219; James D. Smart, *The Interpretation of Scripture* (Philadelphia: Westminster Press, 1961); Beryl Smalley, *The Study of the Bible in the Middle Ages* (Notre Dame, Ind.: University of Notre Dame Press, 1978); Claus Wester-

mann. ed., *Essays on Old Testament Hermeneutics* (Atlanta: John Knox Press, 1979); Robert M. Grant with David Tracy, *A Short History of the Interpretation of the Bible*, 2d ed. 수정증보판 (Philadelphia: Fortress Press, 1984). 내 관심은 성서 구절에 맞춰져 있지만, 성서 바깥의 고대와 현대의 문헌도 성서를 조명하는 데 사용될 수 있다. 예를 들어 David Robertson, *The Old Testament and the Literary Critic* (Philadelphia: Fortress Press, 1977)을 보라.

7. 적용은 암시적으로든 명시적으로든 본문들 사이의 유사점과 차이점을 모두 포함한다. 무엇이 강조될지는 상황의 요구, 해석자의 성향, 본문의 내용에 달려 있다. 명백히 선택적인 통제된 주관성이 이 과정에 관련된다.

8. 다음을 보라. Phyllis Trible, "Feminist Hermeneutics and Biblical Studies," *The Christian Century* (3-10 February 1982): 116-18; Phyllis Bird, "Images of Women in the Old Testament," in *Religion and Sexism*, ed. Rosemary Radford Ruether (New York: Simon & Schuster, 1974), pp. 41-88; Carol Meyers, "The Roots of Restriction: Women in Early Israel," *Biblical Archeologist* 41 (1978): 91-103; Katharine Doob Sakenfeld, "Old Testament Perspectives: Methodological Issues," *JSOT* 22 (1982): 13-20; Carol Meyers, "Procreation, Production, and Protection," *JAAR* 51 (1983).

9. Phyllis Trible, *God and the Rhetoric of Sexuality* (Philadelphia: Fortress Press, 1978)는 이러한 접근법의 예다.

10. 성서에 대한 문학적 연구는 최근 새로운 인기를 누리고 있지만, 그 역사는 길고 풍부하며 확고한 자리를 잡고 있다. 게다가 성서 자체가 서구 문학의 역사에서 중요한 전형(paradigm)이다. James L. Kugel, *The Idea of Biblical Poetry: Parallelism and Its History* (New Haven, Conn.: Yale University Press, 1981)를 보라. 특히 6장과 거기에 인용된 참고문헌을 보라.

11. 역사적 배경, 사회학적 상황, 구성사(compositional history), 저자의 의도, 언어적·고고학적 자료와 같은 고려 사항들이 총체적 주석 작업에서는 필수지만, 문학적 분석에서는 1차적 관심사라기보다 보조적인 것이다. 여기서 주안점은 글의 기교적인 구성 방식이다. 다음을 보라. Chaim Potok, "The Bible's Inspired Art," *The New York Times Magazine*, 3 October 1982, pp. 58-68; David J. A. Clines, "Methods in Old Testament Study," in *Beginning Old Testament Study*, ed. John Rogerson (Philadelphia: Westminster Press, 1982), pp. 33-38.

12. 요점은 내재적 읽기조차도 텍스트 외부의 사안들, 이를테면 언어 이론과 문학 이론은 물론 본문에 문자 그대로 나오지 않은 다른 어휘에도 의존한다는 것이다.

13. 다음을 보라. James L. Kugel, "On the Bible and Literary Criticism," *Prooftexts* (1981): pp. 217-236; also Adele Berlin and James L. Kugel, "On the Bible as Literature," *Prooftexts* (1982): pp. 323-232.

14. James Muilenburg, "Form Criticism and Beyond," *JBL* 88 (1969): pp. 1-18을 보라. 성서 이야기에 대한 최근의 문학적 연구에 대해서는 다음을 보라. Robert Alter, *The Art of Biblical Narrative* (New York: Basic Books, 1981); Kenneth R. R. Gros Louis, ed., *Literary Interpretations of Biblical Narratives*, vol. 2 (Nashville: Abingdon Press, 1982); David J. A. Clines, David M. Gunn, and Alan J. Houser, eds., *Art and Meaning: Rhetoric in Biblical Literature*, JSOT Supp. 19 (Sheffield: JSOT Press, 1982).

15. 다음을 보라. Walter Brueggemann, *Genesis, Interpretation* (Atlanta: John Knox Press, 1982), pp. 266-274. 『창세기: 목회자와 설교자를 위한 주석』, 강성열 옮김(서울: 한국장로교출판사, 2000); Walter Wink, "On Wrestling with God," *Religion in Life* 47 (1978): pp. 136-147.

16. 서술이 오로지 남성으로만 이루어졌다는 데 주목하라. 야곱이 그의 아내들과 여종들과 자녀들을 강 건너에 보낸 후에야 '어느 남자'(a man)가 야곱과 씨름을 한다. Linda Clark, "A Sermon: Wrestling with Jacob's Angel," *Image-breaking/Image-building*, ed. Linda Clark, Marian Ronan, and Eleanor Walker (New York: Pilgrim Press, 1981), pp. 98-104을 보라.

17. 호세아 12:3-4는 이 신적인 방문자를 가리켜 천사(*mal'āk*)라고 기술한다.

18. Brueggemann, *Genesis*, p. 268; Gerhard von Rad, *Genesis*, OTL (Philadelphia: Westminster Press, 1961), p. 321.

19. Cf. Brueggemann, *Genesis*, p. 270, and Frederick Buechner, *The Magnificient Defeat* (New York: Seabury Press, 1966), pp. 10-26.

1장 하갈: 비참한 쫓겨남

1. 이 문장의 정확한 이해는 맥락에 달려 있다. "가부장제 구조라는 테두리 안에서"라는 문구는 사라의 특권과 권력을 예리하게 경감시킨다. 게다가 이런 묘사는 하갈과의 대조를 통해 나오는 것이고, 사래의 불임 사실은 그녀의 권력과 특권을 약화한다. 아래 주 17을 보라.

2. 이번 장에서 창세기를 인용할 때는 장·절만 표기했다.

3. 나는 성서 본문을 따라 사래와 사라라는 두 가지 표기를 사용했다. 아브람과 아브라함도 마찬가지다. 이름의 상이함에 대해서는 다음 주석을 보라. 예를 들어, Bruce Vawter, *On Genesis: A New Reading* (Garden City, N.Y.: Doubleday & Co., 1977), pp. 220, 223; E. A. Speiser, *Genesis*, Anchor Bible (Garden City, N.Y.: Doubleday & Co., 1964), p. 127; Gerhard von Rad, *Genesis*, OTL (Philadelphia: Westminster Press, 1972), pp. 199-200, 202. 불임의 치욕에 관해서는 다음을 보라. Phyllis Bird, "Images of Women in the Old Testament," in *Religion and Sexism*, ed. Rosemary Radford Ruether (New York: Simon & Schuster, 1974), pp. 62-63.

4. 창세기 13:16; 15:4, 5를 보라.

5. 이번 장 전체에서 '사가'(saga)라는 단어는 이야기(story)를 의미한다.

6. 학문 분야별로 이 이야기들에 대한 각기 다른 독법을 제시한다. (a) 역사비평은 자료 분석에 주의를 기울인다. 창세기 16:1-16은 P문서에서 비롯된 몇몇 절(16:1, 3, 15, 16)을 제외하면 J문서다. 반면 창세기 21:9-21은 E문서다. 예컨대 다음을 보라. S. R. Driver, *The Book of Genesis* (New York: Edwin S. Gorham, 1904), pp. 180-84, 209-13; Sean E. McEvenue, "A Comparison of Narrative Styles in the Hagar Stories," *Semeia* 3 (Missoula, Mont.: Scholars Press, 1975), pp. 64-80. 이러한 분석을 수정한 것으로는 다음을 보라. John Van Seters, *Abraham in History and Tradition* (New Haven, Conn.: Yale University Press, 1975), pp. 192-202; 또한 다음을 참조하라. Alan W. Jenks, *The Elohist and North Israelite Traditions*, SBL Monograph Series 22 (Missoula, Mont.: Scholars Press, 1977), pp. 22, 67. (b) 양식비평은 장르, 구전 전승, 삶의 자리, 문학적 평행에 주의를 기울인다. 예컨대 다음을 보라. Hermann Gunkel, *The Legends of Genesis* (New York: Schocken Books, 1964), 여러 곳; idem, *Genesis*, Handkommentar zum Alten Testament (Göttingen: Vandenhoeck & Ruprecht, 1964 reprint), pp. 184-93, 226-33; Robert C. Culley, *Studies in the Structure of Hebrew Narrative* (Philadelphia: Fortress Press, 1976), pp. 43-46; Hugh C. White, "The Initiation Legend of Ishmael," *ZAW* 87 (1975): 267-305. 화이트도 이 구절의 전승사에 관해 논평한다. Cf. Claus Westermann, *Genesis*, 2 Teilband, Biblischer Kommentar (Neukirchen-Vluyn: Neukirchener Verlag, 1981), pp. 281-82, 412-14. (c) 양식비평이 발전한 형태의 하나인 주제비평(motif criticism)은 전달자 이야기(messenger stories) 안에서 플롯-주제와 전통적인 삽화(episodes)를 식별하고 분류하는 데 주의를 기울인다. 다음을 보라. Dorothy Irvin, *Mytharion* (Kevelaer: Butzon und Bercker; Neukirchen-Vluyn: Neukirchener Verlag, 1978), pp. 1-17, 24-26. (d) 문학비평은 굳어진 관습과 유연한 전유 사이를 오가는 전형적 장면(type-scene)에 주의를 기울인다. 다음을 보라. Robert Alter, *The Art of Biblical Narrative* (New York: Basic Books, 1981), pp. 47-62. 문학비평은 또한 본문의 최종 형태가 지닌 특수성에 초점을 둔 면밀한 읽기에 주의를 기울인다. Cf. Zvi Adar, *The Biblical Narrative* (Jerusalem: Department of Education and Culture of the World Zionist Organisation, 1959), pp. 119-25. 다른 접근법보다, 이 마지막 접근법이 이 글을 형성한다.

7. 중요한 참고문헌 목록으로는 Bernadette F. Revicky의 석사학위 논문, "'Hagar, Maidservant of Sarai, From What Place Have You Come and Where Shall You Go?': A Rhetorical Critical Study of Genesis 16 and Genesis 21:8-21," (M.A. thesis, Andover Newton Theological School, 1980), pp. 93-100을 보라.

8. 나란히 나타나는 전치사구는 대조와 해결을 제시한다. 사래는 **그에게**(*lô*) 아이를 낳아 주지 못하였지만, **그녀에게**(*lâh*)는 이집트인 시녀가 있었다. 이집트인이라는 하갈의 정체

는 아브람과 사래가 앞서 이집트에 체류했던 일을 상기시킨다(창 12:10-20).

9. 창세기 16장은 하갈의 정체성을 *šipḥâ*, 즉 여주인을 섬기는 예속된 처녀 시녀로 식별하는 반면, 창세기 21장은 하갈을 *'āmâ*, 즉 둘째 아내로서 주인을 섬기는 노예 여성으로 부른다. 후자가 더 억압적인 표현이다. 다음을 보라. A. Jepsen, "Amah und Schiphchah," *VT* 8 (1958): 293-97. 나는 이 차이를 담아내기 위해서 *šipḥâ*를 시녀, 종, 여종으로 옮기고, *'āmâ*을 노예로 옮긴다. 다음을 보라. Hans Walter Wolff, "Masters and Slaves," *Int* 27 (1973): 266-68; Westermann, *Genesis*, p. 283.

10. 이는 아브라함 사가 전체에서 처음 나오는 사래의 말이다. 이 발화의 중요성에 대해서는 다음을 보라. Alter, *The Art of Biblical Narrative*, pp. 63-87. *hinnēh-nā'*를 명령형과 함께 '-이니까'로 번역하는 것에 대해서는 다음을 보라. Thomas O. Lambdin, *Introduction to Biblical Hebrew* (New York: Charles Scribner's Sons, 1971), pp. 170-71.

11. Cf. 창 30:1-13.

12. 이러한 일 처리 방식의 합법성에 관해서는 다음을 보라. 예컨대 von Rad, *Genesis*, pp. 191-92; Speiser, *Genesis*, pp. 119-21; Vawter, *On Genesis*, pp. 214-15; Matitiahu Tsevat, "Hagar and the Birth of Ishmael," *The Meaning of the Book of Job and Other Biblical Studies* (New York: KTAV Publishing House, 1980), pp. 53-76. 하지만 다음 문헌도 참고하라. John Van Seters, "The Problem of Childlessness in Near Eastern Law and the Patriarchs of Israel," *JBL* 87 (1968): 401-8; Thomas L. Thompson, *The Historicity of the Patriarchal Narratives* (Berlin: Walter de Gruyter, 1974), pp. 252-69. 족장 내러티브에 관한 최근의 탐구 맥락에서 이 쟁점을 다루는 글로는 다음을 보라. William G. Denver [sic] and W. Malcolm Clark, "The Patriarchal Traditions," *Israelite and Judean History*, ed. John H. Hayes and J. Maxwell Miller (Philadelphia: Westminster Press, 1977), pp. 70-148; M. J. Selman, "Comparative Customs and the Patriarchal Age," *Essays on the Patriarchal Narratives*, ed. A. R. Millard and D. J. Wiseman (Winona Lake, Ind.: Eisenbrauns, 1983), pp. 91-139.

13. 몇몇 학자는 동족어와 법적 배경을 근거로 여기 나오는 *'iššâ*를 아내가 아닌 첩으로 옮긴다(예컨대 Speiser, *Genesis*, pp. 116-17; Vawter, *Genesis*, pp. 213-14). 그러나 RSV 및 Westermann, *Genesis*, p. 277과 비교하라. 하갈의 이야기에는 명확히 첩을 의미하는 히브리어 단어(*pilegeš*)가 나타나지 않는다. cf. 삿 19:1.

14. 사래와 마찬가지로 아브람도 하갈의 이름을 언급하지도 않고 하갈에게 묻지도 않는다. 오로지 내레이션만 이들 사이의 직접 접촉이 있었음을 보고한다(16:4; 21:14).

15. Cf. von Rad, *Genesis*, pp. 190-91; Vawter, *On Genesis*, pp. 214-15; Westermann, *Genesis*, pp. 286-87.

16. Cf. 라헬과 레아(창 30:1); 한나와 브닌나(삼상 1:4-6). 출애굽 시기 동안 히브리 여성과 이집트 여성 사이의 경쟁도 특별히 관심을 둘 만하다(출 1:19). 우리의 이야기에서 종과 자유인, 이방 여인과 토착 여인의 대조는 출산할 수 있는 이집트 시녀와 그렇지 못한 히

브리 여주인의 대립으로 반전된다. 플롯-주제 경쟁 구도에 대해서는 다음을 보라. Irvin, *Mytharion*, pp. 15, 17.

17. Cf. 잠 30:21-23. 하갈과 마찬가지로 사래도 가부장제의 희생자라는 점을 기억하라(주 1 참조). 피압제자 무리 사이의 내분에 대해서는 다음을 보라. Paulo Freire, *Pedagogy of the Oppressed* (New York: Continuum, 1983), p. 48. Cf. Rosemary Radford Ruether, *Sexism and God-Talk* (Boston: Beacon Press, 1983), pp. 165-83.

18. Tsevat는 사래의 말이 법적 형식을 이루는 것으로 이해한다("Hagar and the Birth of Ishmael," p. 55); cf. Westermann, *Genesis*, p. 287.

19. Cf. Vawter는 사래에게는 가혹한 판단을 내리나 아브람은 관대하게 다룬다(*On Genesis*, p. 215).

20. 예컨대 출 1:11, 12; 신 26:6; Cf. 창 15:13. 다음을 보라. David Daube, *The Exodus Pattern in the Bible* (London: Faber & Faber, 1963), pp. 26-27.

21. 수르에 관해서는 다음을 보라. Denis Baly and A. D. Tushingham, *Atlas of the Biblical World* (New York: World Publishing Company, 1971), p. 104. 그리고 J. Simons, *The Geographical and Topographical Texts of the Old Testament* (Leiden: E. J. Brill, 1959), p. 217. Cf. 창 20:1; 25:18; 삼상 15:7; 27:8.

22. 모세가 바로에게서 탈출한 부분(출 2:15b)과 하갈이 사래에게서 탈출한 부분에서 같은 동사(brḥ)가 사용된다. 모세는 도망친 후 "우물가에 앉았다"(출 2:15c). 하갈은 "광야의 샘물 곁에" 있었다(창 16:7).

23. 다음을 보라. Martin Buber, *On the Bible* (New York: Schocken Books, 1968), p. 39. 하나님의 사자에 관해서는 다음을 보라. Westermann, *Genesis*, pp. 289-91. 하갈이 하나님의 사자임을 즉시 알아볼지 그렇지 않을지는 불확실하다. 다음을 보라. Tsevat, "Hagar and the Birth of Ishmael," pp. 56-57, 64.

24. 다른 모든 인물의 직접 화법이 나올 때는 심지어 발화자가 누군지 식별해 줄 필요가 없을 때조차 그들의 고유 이름이 반복적으로 나타난다는 점을 주목하라(16:2, 5, 6, 9, 10, 11). 이름과 발화가 나타나는 것(presence)과 인격이 드러나는 것(phenomenon)의 상관관계에 대한 다른 예로는 2장에서 다말에 관한 설명들을 참고하라. 또한 룻기에 관한 다음 책을 보라. Phyllis Trible, *God and the Rhetoric of Sexuality* (Philadelphia: Fortress Press, 1978), pp. 166-70, 190.

25. Tsevat도 이 이야기와 출애굽 전통의 유사성에 주목하지만, 다른 해석을 내놓는다 ("Hagar and the Birth of Ishmael," p. 69).

26. 역사비평가, 양식비평가, 편집비평가는 본문의 이전 형태에 호소함으로써 이 약속을 분리하는 경향이 있다. 이들의 결론들이 모순되는 경우가 종종 있다. 다음을 보라. Vawter, *On Genesis*, p. 217; Van Seters, *Abraham in History and Tradition*, pp. 194-95; Claus Westermann, *The Promises to the Fathers* (Philadelphia: Fortress Press, 1980), pp. 12-13; idem, *Genesis*, pp. 292-95; Robert Wilbur Neff, "The Announcement in Old

Testament Birth Stories" (Ph.D. diss., Yale University, 1969), pp. 97-102; Tsevat, "Hagar and the Birth of Ishmael," pp. 57-60. 내 관심은 본문의 최종 형태의 정합성이다.

27. 예컨대 창 15:5; 22:17; 26:4; 28:3. "너의 후손"(*zr'*)이라는 말이 아브람의 씨를 가리키지 않는다는 점을 주목하라. 아브람이 생물학적 아버지는 맞지만, 이는 하갈의 자녀를 가리키는 말이다. Cf. 창 3:15에서도 *zr'*가 남자의 씨가 아니라 여자의 '씨'를 명확히 지칭한다.

28. 16:10이 16:11과 모순된다고 보는 Van Seters의 견해와 반대된다(*Abraham in History and Tradition*, p. 194).

29. 양식비평적 분석으로는 다음을 보라. Neff, "The Announcement in Old Testament Birth Stories," pp. 55-69, 104-8; 또한 Robert Wilbur Neff, "The Annunciation in the Birth Narrative of Ishmael," *BR* 17 (1972): 51-60.

30. Neff가 연구한 여섯 개의 수태고지(창 16:11-12; 17:19; 삿 13:5, 7; 왕하 13:2; 대하 22:9-10; 사 7:14-17) 중 두 경우(창 16:11-12; 삿 13:5, 7)만 여성(하갈과 마노아의 아내[Ms. Manoah])에게 직접 말해졌다. 또한 열왕기하 4:16의 수넴 여인도 참조하라. 신적인 인물이 아니라 예언자 엘리사가 그녀에게 말한다는 점을 주목하라. 신약성서에서는 마리아에게 직접 수태고지가 말해졌다(눅 1:26-38). 또한 엘리사벳에 관해서 사가랴즈가리아에게 전해진 수태고지도 참조하라(눅 1:13-20).

31. 이스마엘이라는 이름에 대한 논의로는 다음을 보라. Mitchell Dahood, "The Name *yišmā'ēl* in Genesis 16, 11," *Biblica* 49 (1968): 87-88; idem, "Nomen-Omen in Genesis 16, 11," *Biblica* 61 (1980): 89. Cf. Irvin, *Mytharion*, p. 15.

32. 이집트에서 당한 괴로움으로부터의 구원이라는 주제는 "야웨께서 괴로움(*'ŏni*)에 관심(*šm'*)을 기울이셨다"라는 행에 반향되어 있다(Cf. 신 26:7). 이 이야기에 나오는 이 말놀이를 비롯한 여타 말놀이(wordplays)에 대해서는 다음을 보라. Martin Buber, *darko shel miqra* (Jerusalem: Bialik Institute, 1964), pp. 295-97.

33. 다음을 보라. Tsevat, "Hagar and the Birth of Ishmael," p. 67.

34. 히브리어 본문에 따르면 이 선언은 두 가지 의미가 될 수 있다. 보일 수 있는 하나님과 (나를) 보시는 하나님. 그리스어 성서와 불가타는 후자의 의미를 택했지만, 마소라 본문의 애매함이 그대로 유지되는 것이 아마 바람직할 것이다. 다음을 보라. John Skinner, *A Critical and Exegetical Commentary On Genesis*, ICC (Edinburgh: T. & T. Clark, 1930), p. 288; Speiser, *Genesis*, p. 118.

35. 긍정적인 의미가 강조된 하나님의 보심에 관한 그녀의 선언이 괴롭힘에 굴복하라는 명령 뒤에 나온 것이 아니라 출산고지 뒤에 나온다는 점을 주목하라. 하나님이 괴로움을 보셨기(*r'b*) 때문에(출 3:7) 괴로움에서 구출된 히브리 노예들의 역경과 하갈의 역경을 비교하라.

36. 구약성서의 하나님 현현에서 청각 언어와 시각 언어의 대조에 관해서는 다음을 보라.

Samuel Terrien, *The Elusive Presence* (New York: Harper & Row, 1978), 여러 곳.

37. Cf. Speiser, *Genesis*, pp. 117-19.

38. Julius Wellhausen은 하갈의 말과 이어지는 원인론적 해설을 연결하려고 하면서, 하갈
이 "내가 정말로 하나님을 보고도 여전히 살아 있는가?"라고 질문하게끔 되도록 본문을
여러 방식으로 수정한다(*Prolegomena to the History of Ancient Israel* [New York: Merid-
ian Library, 1958], p. 326). Cf. Skinner, *Genesis*, pp. 288-89; Tsevat, "Hagar and the
Birth of Ishmael," pp. 63, 66; Westermann, *Genesis*, pp. 296-97. 하지만 이런 질문은
하나님을 본 사람은 아무도 살아남을 수 없으리라는 신학적 주장에 기초한 것이며(cf. 출
33:20; 삿 6:23; 13:20-23), 또한 이 질문이 하갈 이야기에서 이집트 탈출 모티프의 또 다
른 전조를 제시하는 것이더라도, 이러한 독해는 여전히 수정이다. Cf. H. Seebass, "Zum
Text Von Gen. XVI 13B," *VT* (1971): 254-56; Irvin, *Mytharion*, p. 16과 거기에 언급
된 참고문헌들; Neff, "The Announcement in Old Testament Birth Stories," pp. 93-
94; Th. Booij, "Hagar's Words in Genesis XVI 13B," *VT* 30 (1980): 1-7; A. Schoors,
"A *Tiqqun Sopherim* in Genesis XVI 13B?" *VT* 32 (1982): 494-95.

39. 문구를 조금씩 변형하여 반복적으로 사용하고 있음에 주목하라. 변형은 반복을 구성하
는 글 단위를 둘러싸고 있으며 그 단위 안에서 강조를 나타낸다.

40. "그의 아들"이라는 소유격과 아브람에게 낳아 준 아들이라는 반복되는 언명에 주목하라.
Cf. 창 25:9, 12.

41. Cf. Robert Alter, "How Convention Helps Us Read: The Case of the Bible's Annun-
ciation Type-Scene," *Prooftexts* 3 (1983): 115-30. 특히 120-21. 알터가 제안한 전형적 수
태고지 장면에 대한 도식을 감안하면 알터는 하갈이 받은 탄생고지를 고려에 넣을 수 없다.

42. 다음을 보라. Robert Wilbur Neff, "The Birth and Election of Isaac in the Priestly
Tradition," *BR* 15 (1970): 5-18.

43. Cf. Isaac Rabinowitz, "Sarah's Wish (Gen. XXI 6-7)," *VT* 29 (1979): 362-63.

44. 그리스어 성서는 그가 "이삭을 가지고/데리고 놀고"(playing with Isaac) 있었다고 말
한다. 이러한 독해는 다양한 해석을 불러온다. 예를 들어 이스마엘이 이삭을 육체적으로
학대했다는 해석, 사라가 두 아이 사이에 나타난 사회적으로 평등한 모습을 받아들일 수
없었다는 해석. "이삭을 가지고/데리고"(with Isaac)라는 문구가 생략되면, 다른 해석이
나온다. 예를 들어 이스마엘이 자위행위를 하고 있었다는 해석, 그가 즐거워하는 모습이
사라의 모성적 질투를 유발했다는 해석(희년서 17:4). 예컨대 다음의 주석을 보라. Driv-
er, *The Book of Genesis*, p. 155; Vawter, *On Genesis*, pp. 248-49; von Rad, *Genesis*, p.
232; Westermann, *Genesis*, pp. 414-15. '놀다'(*şḥq*)라는 동사가 이삭(*yişḥāq*)이라는 이
름에 대한 언어유희를 내비친다는 점을 주목하라.

45. 관련된 법적 측면으로는 다음을 보라. Nahum M. Sarna, *Understanding Genesis* (New
York: McGraw-Hill, 1966), pp. 155-57; Thompson, *The Historicity of the Patriarchal
Narratives*, pp. 257-58.

46. 이스마엘이라는 이름은 장면2에 전혀 나오지 않는다.

47. 장면1의 삽화1(16:3)과는 다른 식으로, 사라와 하갈의 거리가 벌어짐을 나타내는 또 하나의 조짐은 그들 사이의 어떤 직접적인 접촉도 없다는 점이다.

48. 앞의 주 9를 보라. 또한 Westermann, *Genesis*, p. 415를 보라.

49. 16:4에 관하여 앞서 언급했던 것들을 참고하라.

50. 출 12:39; cf. 6:1; 10:11; 11:1. 다음을 보라. Daube, *The exodus Pattern in the Bible*, pp. 30-34.

51. 내레이터, 사래, 아브람, 하나님이 "…의 눈에"라는 표현 방식을 반복하여 사용한다는 점 (16:4, 5, 6; 21:11)을 주목하라.

52. 21:12-13에서 하나님이 사라의 어휘(21:10)를 모방함으로써 또한 사라의 "목소리를 듣는다"는 점을 주목하라. 즉 '이삭'은 이름을 써서 부르지만(12절) '하갈'과 '이스마엘'에 대해서는 이름이 아니라 '노예 여자'(12-13절)와 '아들'(13절)이라는 표현을 사용한다. Von Rad는 12-13절을 "이 내러티브에서 '긴장의 순간'"이라고 부른다. 왜냐하면 사람들은 하나님이 사라의 편이 아니라 아브라함의 편일 것이라 예상하며 읽기 때문이다(*Genesis*, p. 233).

53. 이 삽화의 시작 부분(21:9-12)과 앞 장면에서 이에 상응하는 내용(16:1-2) 사이의 형식·내용상 유사성은 물론 의미상 차이도 주목하라. (a) 각각에서 내레이터의 도입은 두 여인 사이의 긴장을 설정한다(16:1, 21:9). (b) 사래(사라)는 아브람(아브라함)에게 하갈에 대한 행동을 취하라고 직접 화법으로 명령한다. 첫 번째 명령(16:2ₐ)에서 사래는 하갈을 통해 아들을 얻고자 한다. 두 번째 명령(21:10)에서 사래는 하갈과 그녀의 아들을 떠나보내고자 한다. (c) 아브람의 반응에 대한 서로 다른 내레이션은 서로 다른 결과를 낳는다. 첫 장면에서 아브람은 사래에게 순종하고(16:2ᵦ) 하나님의 개입 없이 삽화가 진행된다. 두 번째 장면(21:11)에서 아브라함은 난색을 드러내고, 하나님이 들어와서 사라의 뜻이 이루어지도록 안심시킨다(21:12).

54. '내쫓다'(*grš*) 동사가 사용된 예로는 출애굽기 6:1; 10:11; 12:39를 보라.

55. 한 뭉치의 행동을 도입하는 일종의 정형문구인 "아침 일찍 일어나"에 대해서는 다음을 보라. Irvin, *Mytharion*, p. 25.

56. 이 히브리어 본문의 구문론적 문제에 관해서는 다음을 보라. Speiser, *Genesis*, p. 155; Vawter, *On Genesis*, p. 249.

57. 이집트 탈출 이야기에서 *šlḥ*의 사용에 대해서는 다음을 보라. Daube, *The Exodus Pattern in the Bible*, p. 29. 그는 아브라함이 하갈을 추방한 것이 이혼을 이루는 요소라고 제안한다.

58. 이러한 지리적 변화와 대명사의 변화는 이야기의 새로운 부분이 21:14b에서 시작됨을 나타낸다. 이는〔이러한 단락 구분은〕여러 역본과 대조된다(예컨대 RSV, NEB, NAB, NJV).

59. '내보내다'(*šlḥ*)와 '나가다'(*hlk*)를 짝짓는 것에 관해서는 다음을 보라. Daube, *The Exodus Pattern in the Bible*, p. 34; cf. pp. 58-59.

60. 예를 들어 다음을 보라. 창 37:15; 시 107:4; 119:176; 사 53:6; 욥 38:41.

61. "브엘세바 광야"에 대해서는 Simons, *The Geographical and Topographical Texts of the Old Testament*, pp. 21-23에서 "Desert" 항목을 보라.

62. RSV와는 대조적으로, 나는 NJV와 같이 동사 *šlk*를 '**떠났다**'(left)로 번역한다. 21:10에 나오는 동사 *grš*(내쫓다[cast])와 구별하기 위해서다.

63. "화살 바탕"(bowshot)이라는 언급은 이스마엘을 "활잡이"(21:20)로 묘사하는 것의 전조다.

64. Gunkel과 반대로, 관목은 거룩한 장소가 아니다(*Genesis*, pp. 230-31). 하나님은 명백히 "하늘로부터"(21:17) 하갈에게 말씀하신다.

65. 두 장면에서 동일하게, 하갈은 아브라함과 사라의 집에서는 입을 열지 않고 광야에서만 입을 연다.

66. 속으로 생각하는 것에 관해서는 다음을 보라. Alter, *The Art of Biblical Narrative*, pp. 69-70.

67. 이러한 변화는 그리스어 성서에 처음 나타난다. Cf. RSV, NAB. 이러한 변화를 정당화하는 시도에 대해서는 예컨대 다음을 보라. Skinner, *Genesis*, pp. 248-49. But cf. Speiser, *Genesis*, pp. 155-56.

68. 다음을 보라. George W. Coats, *Rebellion in the Wilderness* (Nashville: Abingdon Press, 1968).

69. 참고로 이는 이스마엘이라는 이름을 이용한 언어유희다. 이 하나님의 발화에 관한 양식 비평 연구로는 다음을 보라. Westermann, *Genesis*, p. 419.

70. 다음을 보라. Westermann, *Genesis*, p. 420.

71. 몇몇 주제와 어휘는 이 본문과 창세기 22:1-19의 연관성을 내비친다. 두 이야기 모두에서 아브라함의 두 아들은 죽음의 위협을 당한다. 그리고 결정적인 순간에 하나님이 개입해서 아이들이 죽음을 모면한다. 하나님은 하갈의 **눈**을 여셨고, 하갈은 샘을 보고(*r'h*) 소년에게 물을 먹인다(21:19). 아브라함은 자기 **눈**을 들어, 하나님이 준비하신(*r'h*) 숫양을 보고(*r'h*), 자기 아들 대신 숫양을 희생 제물로 바친다(22:13-14). 또한 단어와 구문이 반복적으로 사용된다는 점에 주목하라. 이를테면, "아브라함은 아침 일찍 일어났다"(21:14; 22:3), "하늘에서 하나님(주님)의 천사가 …"(21:17; 22:11), "두렵다"(*yr'*, 21:17; 22:12); "그 소년"(the lad, 21:17, 18, 20; 22:5, 12); "손"(21:18; 22:10, 12). Cf. Alter, *The Art of Biblical Narrative*, pp. 181-82. 유사한 지리적 환경 또한 두 이야기를 연결하는 것 같다. Baly and Tushingham, *Atlas of the Biblical world*, p. 104. 이에 대한 하나의 묵상으로 다음을 보라. Arthur I. Waskow, "The Cloudy Mirror: Ishmael and Isaac," *Godwrestling* (New York: Schocken Books, 1978), pp. 23-33.

72. 창 25:12의 족보 목록에 하갈이 언급되어 있긴 하지만, 하갈이 등장인물로 직접 나타나는 것은 아니다.

73. 바란에 관해서는 다음을 보라. Baly and Tushingham, *Atlas of the Biblical World*, pp. 93, 104; Simons, *The Geographical and Topographical Texts of the Old Testament*, p. 22.

74. 아버지가 아들의 아내를 구해 오는 고대 근동 관습을 참조하라(Speiser, *Genesis*, p. 156). 창세기 25:12의 족보 소개에서와 이집트 맞은편 수르(25:18; cf. 16:7)에 대한 지리적 언급에서도 계속해서 이집트라는 주제가 강조되고 있음을 주목하라.

75. 나는 '**성별**'(sex)이라는 단어를 사람을, 즉 여자와 남자를 지칭하는 데 사용하고 있다. '**젠더**'(gender)라는 단어는 문법적 성을 지시하기 위해 남겨 두었다. 다음을 보라. William Safire, "On Language: Vox of Pop Sixpack," *The new York Times Magazine*, 19 December 1982, pp. 18-19.

76. 인종차별, 계급주의, 성차별의 상호 관계에 관한 최근의 연구들이 여기에 알맞다. Cf. 예컨대, Rosemary Radford Ruether, *New Woman! New Earth* (New York: Seabury Press, 1975), pp. 115-33; Adrienne Rich, *On Lies, Secrets, and Silence: Selected Prose 1966-1978* (New York: W. W. Norton & Co., 1979), pp. 275-310.

77. 이어지는 목록은 자신을 하갈과 동일시하는 현대 여성들의 이야기를 반영한다. Cf. Margaret Laurence, *The Stone Angel* (Toronto: McClelland & Stewart, 1968).

78. 고대 이집트인과 흑인을 인종적으로 묶는 것은 문제가 있지만, 문화적 유사성은 확실히 있다. 하갈은 아프리카 여성이었다. 이 쟁점 일반에 관해서는 다음을 보라. Robert A. Bennett, Jr., "Africa and the Biblical Period," *HTR* 64 (1971): 483-500.

79. 내가 역사적 기억이라는 말을 사용한 이유는 창세기 1-11장을 제외하려는 것이다.

80. 다음을 보라. Zvi Adar, *The Biblical Narrative*, p. 124.

81. 이러한 대조에 비추어, 바울이 하갈을 시내산 언약과 동일시한 것(갈 4:21-31)의 아이러니를 주목하라. Cf. Walter Brueggemann, *Genesis*, Interpretation (Atlanta: John Knox Press, 1982), p. 184.

82. 이슬람교에서 하갈이 차지하는 위치도 언급될 가치가 있다. 하갈은 꾸란에는 나오지 않지만 하디스에 나온다. 다음을 보라. Arendt Jan Wensinck, *A Handbook of Early Muhammedan Tradition* (Leiden: E. J. Brill, 1960), p. 90.

2장 다말: 왕실이 강간한 지혜

1. 사무엘하 9-20장, 열왕기상 1-2장이, 아마 몇몇 추가적인 구절과 더불어, 더 큰 내러티브를 이룬다. 역사적 쟁점에 관하여는 가장 최근 자료로 다음을 보라. John Van Seters, *In Search of History* (New Haven and London: Yale University Press, 1983), pp. 277-91. 1978년까지의 참고문헌 목록으로는 다음을 보라. D. M. Gunn, *The Story of King David*, JSOT Supp. 6 (Sheffield: JSOT Press, 1978), pp. 142-53; Charles Conroy, *Absalom Absalom! narrative and Language in 2 Sam 13-20* (Rome: Biblical Institute Press, 1978), pp. 155-73. Conroy는 이 더 큰 내러티브 안에서 사무엘하 13-20장이 원래 독립적인 구성 단위라고 규명한다(pp. 1-6, 86-114). P. Kyle McCarter는 이 관점을

받아들인다. 'Plots, True or False': The Succession Narrative as Court Apologetic," *Int* 35 (1981): 362-63. Cf. Peter R. Ackroyd는 사무엘하 13-19장을 구성 단위로 본다. "The Succession Narrative (so-called)," *Int* 35 (1981): 385-86. R. A. Carlson은 사무엘하 13-14장을 하나의 구성 단위로 분리한다. *David, the Chosen King: A Traditio-Historical Approach to the Second Book of Samuel* (Stockholm: Almqvist & Wiksell, 1964), pp. 163-67. 우리의 이야기가 이 부분에 속하며, 그 자체로 하나의 구성 단위다.

2. 최근의 문학적 연구로는 다음과 같은 것이 있다. George Ridout, "The Rape of Tamar: A Rhetorical Analysis of 2 Sam 13:1-22," in *Rhetorical Criticism*, ed. Jared J. Jackson and Martin Kessler (Pittsburgh: Pickwick Press, 1974), pp. 75-84; Conroy, *Absalom Absalom!* pp. 17-39; J. P. Fokkelman, *King David*, vol. 1, *Narrative Art and Poetry in the Books of Samuel* (Assen, The Netherlands: Van Gorcum, 1981), pp. 99-114. Kiyoshi K. Sacon, "A Study of the Literary Structure of 'The Succession Narrative,'" in *Studies in the Period of David and Solomon and Other Essays*, ed. Tomoo Ishida (Winona Lake, Ind.: Eisenbrauns, 1982), pp. 27-54. 나는 다음 작품을 간략한 영문 초록만 이용할 수 있었다. S. Bar-Efrat, *Literary Modes and Methods in the Biblical Narrative, in view of II Sam. 10-20; I Kings 1-2* (히브리어). 그러나 그의 다음 논문을 보라. "Some Observations on the Analysis of Structure in Biblical Narrative," *VT* 30 (1980): 특히 162-63. 이런 연구들과 대조적으로(반대가 아니라) 나는 이 연구들과 문학적 관찰에서는 일치하더라도 페미니스트 관점(a feminist perspective)을 사용하기에 해석학적 강조가 달라진다.

3. 이번 장에서 장·절만 표기되어 있으면 사무엘하에서 인용한 것이다.

4. Ridout는 13:4를 첫 번째 삽화에 포함함으로써 원형 구조를 놓치고 있으며 또한 13:4-5의 직접 화법을 중간에서 끊는다. 다음을 보라. "The Rape of Tamar," p. 81.

5. 앞에서는 세 자녀 중 아무도 등장하지 않았으나, 아들들의 이름은 족보에 나타난다(삼하 3:2-3). 암논과 압살롬의 모계 간 경쟁에 관해서는 다음을 보라. Jon D. Levenson and Baruch Halpern, "The Political Import of David's Marriages," *JBL* 99 (1980): 507-18. 딸인 다말은 완전히 새로운 인물이다. 한 형제의 이복누이이자 다른 형제의 동복누이인 다말은 다윗의 자식 목록에 없다. 이러한 누락은 우리 이야기에 반향으로 울려 퍼진다. 아버지와 아들들의 언어는 계속 나오지만, 아버지와 딸의 언어는 전혀 나오지 않는다.

6. 암논의 갈망(*'hb*)을 사랑으로 식별하는 번역들(예: RSV, NEB, NAB)과 대조적으로, 나는 의미가 애매한 '**열망**'(desire)이라는 단어를 선택하여, 플롯을 통해서 정확한 의미가 드러나게 했다(cf. NJV).

7. 관계적 호칭의 중요성에 관해서는 다음을 보라. Ridout, "The Rape of Tamar," pp. 75-78. 또한 다음을 보라. Robert Alter, *The Art of Biblical Narrative* (New York: Basic Books, 1981), p. 180.

8. "어찌하는 것"이라는 문구의 부정적 의미에 대해서는 창세기 22:12와 예레미야 39:12를

보라.

9. "꾀 많은"(*ḥkm*)〔개역개정: 간교한, 새번역: 교활한, 공동번역: 꾀 많은〕이란 표현의 도덕적 중립성에 관해서는 다음을 보라. R. N. Whybray, *The Succession Narrative* (Naperville, Ill.: Alec R. Allenson, 1968), p. 58; idem, *The Intellectual Tradition in the Old Testament* (Berlin: Walter de Gruyter, 1974), pp. 89-93.

10. Conroy, *Absalom Absalom!* p. 28과는 반대로, 아마도 이미 "이러한 약삭빠른 자질을 경멸하는 판단을 내비쳤으므로" 요나답의 질문은 "무지를 인정하는 것"일 필요가 없다. 노련한 상담자인 요나답은 암논의 상태를 관찰하고, 그런 다음 왕자가 자기 문제를 상의하게끔 유도한다.

11. 이는 모두 형용사 *dal*〔옮긴이 주: 본문에서는 '수척'으로 옮겼다〕이 내포하는 의미다.

● 옮긴이 주: 저자는 히브리어에서 '내 형제'(my-brother)가 한 어절임을 보이려고 하이픈으로 표시했다. 압살롬'과 '-의 여동생'도 각각 한 어절이므로 저자는 'sister-of Absalom'으로 표기했다. 그러나 한국어에서는 '-의'의 위치가 다르기는 하지만 히브리어와 마찬가지로 두 어절이기 때문에 따로 표시하지 않았다.

12. 다음을 보라. Harry Hagan, "Deception as Motif and Theme in 2 Sm 9-20; 1 Kgs 1-2," *Biblica* 60 (1979): 308-10.

13. 먹이는 것/준비하는 것//보는 것/먹는 것의 순서가 교차 대구로 배열되어 있음을 주목하라.

14. Burke O. Long, "Wounded Beginnings: David and Two Sons," in *Images of Man and God*, ed. Burke O. Long (Sheffield: Almond Press, 1981), pp. 28, 116 n. 20은 이와 다르게 이해한다. 동사 '**보다**'(*r'h*)는 요나답이 암논에게 제시한 전망에서뿐만 아니라 장차 다윗이 이 아픈 사람을 보러(*r'h*) 오는 광경에서도 사용된다(13:6).

15. 요나답에 대한 더 자세한 평가로는 다음을 보라. Fokkelman, *King David*, p. 109.

16. 요나답의 말(13:5b)과 암논의 말(13:6b)을 비교하면 다음과 같은 것들이 드러난다. (a) 첫 마디는 같다. (b) 요나답은 떡과 음식에 해당하면서 별다른 함의가 없는 중립적인 명사 *lḥm*과 *bryh*를 사용하고, 반면 암논은 성적인 언어유희를 함의하는 특수한 용어(*lbbt*)로 바꿔 말한다(아래를 보라). (c) 두 사람의 발화에 모두 나타나는 "내 눈앞에서"라는 문구는 "그녀에게 뭘 하는 것이 암논의 눈에 불가능해 보였다"(13:2)라는 내레이터의 진술을 이용한 말이다. (d) 요나답은 음식을 먹이고 준비하라는 두 가지 청을 제안하지만, 암논은 떡을 만들라는 한 가지 청만 인용한다. (e) 암논은 자신이 바라는 결과도 마찬가지로 수정한다. 요나답은 보는 것과 "그녀의 손에서" 받아먹는('*kl*) 것에 대해 말했지만, 암논은 보는 것을 생략하고 받아먹는 것에 해당하는 다른 동사(*brh*)를 사용한다. 하지만 "그녀의 손에서"라는 말은 그대로 사용한다. 이러한 문체의 변화가 등장인물의 특성을 그려 준다.

17. 다음을 보라. Conroy, *Absalom Absalom!* p. 29f 특히 n. 43; Fokkelman, *King David*, pp. 105-6; cf. Hans Wilhelm Hertzberg, *I & II Samuel*, OTL (Philadelphia: Westminster Press, 1964), p. 323.

18. 다윗은 암논이 한 말 중 다음 두 문구를 생략한다. "내[암논의] 눈앞에서." "내가[암논이] 그녀[네] 손에서 받아먹을 수 있게." 게다가 암논은 자신의 마음이 열망하는 떡(*lbbt*)을 요구하지만, 다윗의 명령에 나타난 떡(*bryh*)은 요나답이 사용한 어휘로 되돌아갔다. 다윗은 이런 위험한 표현들을 피하지만, 내레이터가 도입했고(13:2) 요나답이 전용했고(13:5b) 암논이 받아들인(13:6b) 불길한 동사 '**하다**' 내지 '**만들다**'(*śh*)는 그대로 남아 있다.

19. 명령과 응답의 중요성에 관해서는 다음을 보라. Conroy, *Absalom Absalom!* pp. 19, 37-38.

20. 내레이터가 암논의 눈을 통해 이 일을 바라보면서, 빵을 요나답과 다윗이 명시한 일반적인 음식물이 아닌 암논의 욕망을 함의하는 특수한 음식(*lbbt*)으로 지칭하고 있다는 점을 주목하라.

21. 다음을 보라. Long, "Wounded Beginnings," p. 28.

22. 이 중앙 단락은 전체 구성에서 D부분에 해당한다. 이 장의 두 번째 단락에서 제시한 개요를 보라.

23. 이 부분들은 형식상 평행하지만, 길이와 내용은 서로 갈린다. 끝부분(13:17-19)은 시작부(13:9de)보다 길고 직접 화법 명령과 하인의 반응을 떼어 놓는 내레이터의 설명(13:18a)이 삽입되어 있다.

24. 강간에 이어서 구조의 와해가 일어남을 주목하라. 이와 같이 구조의 결함은 등장인물 자체의 손상을 나타낸다. 강간은 정돈되어 있던 삶의 패턴을 훼손한다.

25. 주변부는 직접 화법과 내레이션이 섞여 있지만, 중심부는 내래이션만 강간을 보고하고, 그럼으로써 거리를 둔다.

26. 13:1-3에 관한 앞의 설명을 보라.

27. 이 이야기에서 내레이터의 역할에 관해서는 다음을 보라. see Conroy, *Absalom Absalom!* pp. 22-26; cf. Whybray, *The Succession Narrative*, pp. 15-16. 성서 내레이터가 전지적 시점으로 보지만, 참견하며 나서지 않는 것에 관해서는 다음을 보라. Alter, *The Art of Biblical Narrative*, pp. 183-85.

28. 암논은 약삭빠르게 이 여인에게 자기 욕구를 청하는 말을 건네면서 음식을 가리키는 중립적인 단어로(*lbbt* 대신 *bryh*로) 말을 바꾼다.

29. "자기 오빠"라는 별칭은 이야기에 스며 있는 가족적 주제를 강조한다.

30. *ḥzq*에 관해서는 사사기 19:25, 29를 참고하라. 그리고 이 책 3장을 보라.

31. 히브리어에서 이 네 단어는 모두 같은 모음 소리로 끝나며 강조의 압운을 낸다(cf. 13:4). 이 단어들은 앞에서 나온 말을 이용한 것이기도 하다. "오라"(*bô'î*): 다른 것들 못지않게 이 단어(*bô'*)도 이야기를 중심으로 끌고 간다. 다윗은 요나답의 계획에 따라 암논에게 와서 "내 누이 다말을 오게 해 주십시오"(13:5, 6)라는 요청을 듣는다. "눕자"(*šikbî*): 암논의 위치를 묘사하는 데(13:5, 6, 8) 세 번 사용된 이 동사(*škb*)는 이제 다른 의미를 띤다. 앓아누운 아들은 자기 여동생과 누우려 하는 욕정 가득한 오빠다. "나와(*'immî*, with me) 눕자": 대명사 '**나**'(me)는 자신의 이기적인 갈망을 요나답에게 고백하면서 강조했던 것을

떠올리게 한다. 그는 '나'를 강조해서 "나는(*ăní*) 열망한다"라고 말했다(13:4). "와서, 나와 눕자, 내 누이야(*ăḥôtí*)": 이 호격은 서로 상충하는 것들을 연상하게 한다. 이스라엘의 사랑 시에서 "내 누이"는 존중과 애정의 호칭이지만(cf. 아가 4:9, 10, 12; 5:1-2), 암논의 입에서 나온 "내 누이"는 배반과 유혹의 호칭이다(cf. 13:5, 6). 욕구가 애정을 가장하고, 함정이 사랑의 말을 가장한다.

32. 대조적인(contrastive) 대화 기법에 관해서는 다음을 보라. Alter, *The Art of Biblical Narrative*, pp. 72-74. 나는 Alter와는 달리 다말의 장황한 말을 "일종의 공황 상태 목록"(kind of panicked catalogue)으로 보지 않는다.

33. Conroy는 여기서 동심원 문장 구조를 발견했다. *Absalom Absalom!* p. 31에 아래와 같은 내용이 나온다.

   A 금지 강조: 이러지 마시오, 내 오라버니. 나를 욕보이지 마시오.

   B 이유의 절: 왜냐하면 이스라엘에서는 이러한 일을 하지 않습니다.

   A′ 금지 재진술: 이 어리석은 짓을 하지 마시오.

34. *nĕbālāh*(foolish thing, 어리석은 짓)란 말의 의미에 관해서는 다음을 보라. Anthony Phillips, "*nebalah* —a term for serious disorderly and unruly conduct," *VT* 25 (1975): 237-41. 이 단어가 성적으로 언급된 곳이 다음을 참조하라. 창 34:7, 신 22:21, 삿 19:23-24. Carlson은 사사기 19-21장에서 이 단어와 다른 단어들에 대한 조합 근거(associative basis)를 언급한다. 다음을 보라. Carlson's *David, the Chosen King*, pp. 165-67. 또한 이 책 3장을 보라(pp. 114-115).

35. 다말과 암논 간 결혼의 적법성에 관해서는 다음을 보라. Conroy, *Absalom Absalom!* pp. 17-18, n. 3과 n. 4. 또한 다음을 보라. Phillips, "*nebalah*," p. 239.

36. Hagan은 다말을 "이 이야기에서 정말로 현명한 사람"이라고 부른다. 다음을 보라. "Deception as Motif and Theme," p. 310.

37. 암논이 저지른 범죄는 근친상간이 아니라 강간이다. 다음을 보라. see Conroy, *Absalom Absalom!* p. 18 n. 4; Fokkelman, *King David*, pp. 103-4. 이에 대한 반대로는 다음을 보라. James W. Flanagan, "Court History or Succession Document? A Study of 2 Samuel 9-20 and 1 Kings 1-2," *JBL* 91 (1972): 180. 그리고 다음의 글도 반대 의견으로 보인다. Long, "Wounded Beginnings," p. 27. 내가 사용한 "그녀의 의지에 반하는"(against her will)이라는 문구는 강간에 대한 Susan Brownmiller의 연구에서 가져온 것이다. *Against our will* (New York: Simon & Schuster, 1975), p. 18.

38. 세 단계의 폭력에 관해서는 다음을 보라. Fokkelman, *King David*, pp. 106-7.

39. 동사 *škb*의 여정(pilgrimage)에 관해서는 다음을 보라. ibid., pp. 104-5.

40. 다음을 보라. Ridout, "The Rape of Tamar," p. 83. Fokkelman이 *mĕ'ōd*와 *kí*를 짝짓는 것이 완전히 설득력 있지는 않다. 이 두 단어가 동심원 구조에 잘 맞더라도, 다른 짝들과는 달리 반복은 아니다.

41. 지금까지 전체를 보면 '열망'과 '미움'이 각각 4번씩 나타나면서 균일하게 짝을 이룬다

(13:1, 4, 15). 그러나 이야기의 중심부(13:15)에서의 불균형은 증오가 열망의 애매함을 넘어섬을 보여 준다. 종국에는 증오가 이루 말할 수 없이 커질 것이다(13:22를 보라).

42. Fokkelman, *King David*, p. 108과 달리 이 명령에서 교차대구 중 절반은 "정확히 서로 짝을 이루"지 않는다. 요지는 강간이 형식, 내용, 등장인물의 완벽한 대칭을 파괴했다는 것이다.

43. 13:16의 히브리어 본문이 불분명하기는 하지만, 자매형제지간의 호격은 없다(ASV, NEB, NJV를 보라). "내 오라버니"가 등장하는 번역본들은 루키아노스(Lucian)의 그리스어 성서 교정본을 따른 것이다(예: RSV, JB, NAB; 다음을 보라. S. R. Driver, *Notes on the Hebrew Text and the Topography of the Books of Samuel* [Oxford: At the Clarendon Press, 1960], pp. 298-99). Ridout는 루키아노스의 독해가 13:12에 나오는 호격과의 정확한 평행을 제공함으로써 13:11-14a의 전반적인 대칭을 향상한다고 말한다("The Rape of Tamar," pp. 82-83). Fokkelman도 이에 동의한다(*King David*, p. 108). 그러나 히브리어 본문에서 호격의 생략은 이 구성 단위 전체의 특징인 결함 있는 대칭과 잘 어울린다. 반복하여 말하자면, 강간은 등장인물들에 변화를 가하면서 형식과 내용을 불안하게 한다.

44. 다말이 한 말임을 설명하는 곳에 다말의 이름이 없다는 점을 주목하라. "그러나 그녀는 그에게 말했다"(13:16)는 "그리고 암논이 그녀에게 말했다"(13:15c)와 대비된다. 13:12-13에 대한 앞의 해설을 보라.

45. 나는 본문에 없는 용어를 사용하여 다말을 현명한 여인(*’iššâ ḥăkāmâ*)이라고 부른다. 그렇지만 저 호칭은 알맞다. 다말은 관습의 권위를 활용하여 논리적으로 암논을 설득하고 타이른다. 다말이 **'어리석은 자'**(*nbl*)라는 단어를 사용한 것은 지혜로운 발화의 특징이다 (13:12-13). Cf. Claudia V. Camp, "The Wise Women of 2 Samuel: A Role Model for Women in Early Israel?" *CBQ* 43 (1981): 14-29.

46. 아마도 이 확장은 c′와 b가 합쳐져(13:15c-16) 결함이 있는 교차대구에서 누락된 분량을 보충하는 것이다. Ridout가 제안한 대안적 구조는 13:17의 명령과 13:18b의 명령에 대한 반응을 분리한다는 점을 주목하라. 게다가 이 제안은 13:18-19를 한 단위로 만듦으로써 암논의 집 안에서 있었던 행동과 집 밖에서의 행동을 섞고 있고, 또한 13:19-20를 한 단위로 볼 수 없게 한다. 다음을 보라. "The Rape of Tamar," p. 81.

47. Fokkelman은 "핵심 내용, 즉 10-16절에서 암논과 다말 둘만의 끔찍한 시간을 중심에 놓고 종들과 다말이 교차대구 패턴[13:8-9와 13:17-18]의 움직임을 형성한다는 점을 관찰하였다. 다음을 보라. *King David*, p. 102.

48. 예를 들어, ASV, RSV, NEB, and NJV; cf. NAB.

49. 이야기 전체 중 오직 여기에서만 **'딸'**(*bat*)이라는 단어가 나타난다. 구체적인 누군가를 지칭하는 것이 아니라, 딸 일반을 의미한다는 점을 주목하라. 이 구절(히브리어 *mē‘ilîm*)의 원문 문제에 관해서는 다음을 보라. Driver, *Notes on the Hebrew Text*, pp. 299-300; Gunn, *The Story of King David*, pp. 32-33.

50. 이 구성 단위는 구조상 교차대구와 교대(alternation)를 결합한다. 다음을 보라. H. Van

Dyke Parunak, "Oral Typesetting: Some Uses of Biblical Structure," *Biblica* 62 (1981): 153-68.

51. 이 문장의 예술성에 관해서는 다음을 보라. Fokkelman, *King David*, pp. 109-10.

52. 다음을 보라. *Absalom Absalom!* p. 34.

53. Cf. 에 4:1과 왕하 5:8.

54. Conroy는 이런 가능성을 인식하지 못했다. 그는 "다정한 어조를 전달하기" 위해 압살롬의 말을 "점잖은 명령"과 "부드러운 제지"로 받아들이면서, 그것이 "위안"이었다고 너무 쉽게 묘사한다.

55. 성서의 나른 곳에서는 "조용히 있거라"(*ḥrš*, 히필)는 명령은 경고를 뜻하고(삿 18:19), 때때로 화자가 자기 말을 듣기를 바랄 때 하는 말이다(욥 13:13; 사 41:1). Fokkelman은 이 명령을 법적으로 해석한다. "이 문제에 적극적으로 나서서 연루되지 말아라." 다음을 보라. *King David*, pp. 110-11. 마찬가지로 다음을 참조하라. J. Hoftijzer, "Absalom and Tamar: A Case of Fratriarchy?" in *Schrift en uitleg: W. H. Gispen Festschrift*, ed. Dirk Attema et al. (Kampen: J. H. Kok, 1970), p. 60, note 18.

56. 잠긴 문 뒤에서 암논의 힘이 약해지면서, 공공연한 무대에 압살롬의 힘이 나타난다. 압살롬이 다윗의 왕위에 도전하는 데까지 이어지는 이 이야기의 여파를 보라(13:23-15:18).

57. 13:7, 8과 13:20b에서 "오빠(*'ḥ*) …의 집(*byt*)"이라는 문구가 반복되면서 형제간의 대비를 더 강화한다. '집'이라는 단어로 둘러싸인 공간의 동심원 구조에 관해서는 다음을 보라. Fokkelman, *King David*, pp. 102-3.

58. 또한 이사야 54:1을 보라. 동사 *šmm*은 약탈, 강간, 파괴당한 땅에 대해 쓰인다(예: 사 49:8; 겔 33:28). "슬프고 외롭다"(삼하 13:20c, *Good News Bible*)는 번역은 여기서 의미를 전달하기에 매우 불충분하다(옮긴이 주: 이런 공간적 용례를 고려하면 우리말 '황량하다', '황폐하다'에 가까운 듯하고, 동물에게 찢긴 용례를 고려하면 '처참하다'에 가까운 듯하다).

● 옮긴이 주: 이사야 53:3을 인유(引喩)한 표현이나, 주요 한국어 번역본이 이 이야기의 맥락과 어울리지 않는 어휘(sorrows: 간고, 고통; grief: 질고, 병고, 병)를 사용하고 있어서, 인유임을 보이기 위해 개역개정판의 문장을 인용하되 해당 어휘는 대체하였다. 이어지는 표현도 성서를 인유한 것이다(cf. 렘 11:19; 사 53:4-5; 사 53:9).

59. Bar-Efrat를 따르는 Fokkelman, *King David*, pp. 111-12를 보라. 13:1, 2, 15d의 원형 구성 또한 참조하라.

60. 이 문장의 여는 절 "다윗 왕은 이 모든 행위를 듣고"는 어휘를 솜씨 있게 사용함으로써 왕을 그의 두 아들과 각각 연결해 준다. 동사 '듣다'(*šm'*)는 암논이 다말의 말 듣기를 거절한 일(13:14, 16)을 상기시키고, 목적어 '행위'(*dbr*)는 압살롬이 강간을 돌려 말한 표현을 사용한 것이다(13:20). 아버지 안에서 아들들이 경쟁한다. 그럼에도 이 삽화는 전체적으로 볼 때 두 아들 간의 긴장을 다윗-압살롬 대비와 다윗-암논 동일시로 변형한다.

61. 다음을 보라. McCarter, "'Plots, True or False,'" p. 366, 특히 n. 20.

62. 암논의 다말 강간은 다윗이 밧세바와 저지른 간통(삼하 11장)을 떠오르게 한다. 아버지

와 아들은 관능적 죄에 빠져 있다. 두 사건의 비교에 관해서는 다음을 보라. Gunn, *The Story of King David*, pp. 98-100. 또한 다음을 보라. Kenneth R. R. Gros Louis, "The Difficulty of Ruling Well: King David of Israel," in *Semeia* 8, ed. Robert W. Funk (Missoula, Mont.: Scholars Press, 1977), p. 30.

63. 사사기 19-21장에서 "그 때에 이스라엘에 왕이 없으므로" 첩을 비롯한 사람들을 강간한 것과 비교하라. 이 책 3장을 보라.

64. Fokkelman은 압살롬/암논이 주어와 목적어로 짝을 이루며 두 번 나타난 것을 어근 *dbr*가 에워싸며 히브리어 본문에 형성한 동심원 배열을 보여 준다〔옮긴이 주: 히브리어 본문에서는 "말하지 않았다"가 "압살롬"보다 앞에 나온다〕. 다음을 보라. *King David*, p. 112. 이 배열은 배제를 통해 다말을 강간한 사실을 강조한다. 이는 문장의 후미 강조를 취한 것이다. 후미 강조에 관해서는 다음을 보라. see Axel Olrik, "Epic Laws of Folk Narrative," in *The Study of Folklore*, ed. Alan Dundas (Englewood Cliffs, N.J.: Prentice-Hall, 1965), pp. 136-37. "그러나(*ki*) 압살롬은 암논을 미워했는데"의 번역에 관해서는 다음을 보라. Hoftijzer, "Absalom and Tamar: A Case of Fratriarchy?" pp. 55-56.

65. 내레이터가 침묵을 명시적으로 다룬다는 사실의 중요성에 관해서는 다음을 보라. Alter, *The Art of Biblical Narrative*, p. 79. "잘잘못을 말하지 않았다"라는 문구에 대한 다른 해석으로는 다음과 같은 것이 있다. (a) 법적 조치를 취하지 않음(W. Malcolm Clark, "A Legal Background to the Yahwist's Use of 'Good and Evil' in Genesis 2-3," *JBL* 88 [1969]: 269); (b) 적대적 처리가 없음(Fokkelman, *King David*, p. 112).

66. '열망'(desire)은 범행 전에 두 번 나타난다(13:1, 4). 그리고 범행 시에 다시 2번 나오는데, '미움'(hatred)과 평행하게 나타난다. '미움'은 4번 나타난다(13:15ₐ). 이 모든 사례에서 암논은 동사의 주어고 다말은 목적어다. 그때까지 '열망'과 '미움'이라는 두 단어는 같은 횟수로 나타났다. 그러나 범죄 이후 '열망'은 사라지지만, '미움'은 주어인 압살롬과 목적어인 암논과 함께 계속 나타난다(13:22). 모두 합하면 미움(다섯 번 나타남)이 열망(네 번 나타남)을 능가한다. 채워진 욕정은 미움으로 증대된다.

67. 주석가들이 주목하듯이(예: Hertzberg, *I & II Samuel*, p. 326) 왕좌에 대한 열망 또한 압살롬의 동기가 되었을 수도 있다. 하지만 이러한 해석이 이 이야기 외재적인 것이다. 다음을 보라. Conroy, *Absalom Absalom!* p. 36, note 75.

68. 이 이야기와 주변 이야기의 주제적 연관성에 대해서는 다음을 보라. Hertzberg, *I & II Samuel*, pp. 322, 326-28; Whybray, *The Succession Narrative*, p. 22; Long, "Wounded Beginnings," pp. 27, 30-34. 문학적 연관성에 대해서는 다음을 보라. Gunn, *The Story of King David*, pp. 98-100; Flanagan, "Court History or Succession Document?" p. 180; Gros Louis, "The Difficulty of Ruling Well," pp. 15-33; Fokkelman, *King David*, pp. 101, 114-25. 압살롬 이야기에 관해서는 다음을 보라. Zvi Adar, *The Biblical Narrative* (Jerusalem: Department of Education and Culture of the World Zionist Organisation, 1959), pp. 142-97; Jacob Licht, *Storytelling in the Bible* (Jerusalem:

Magnes Press, 1978), pp. 12-13; 41-48.

69. 다음을 보라. Hagan, "Deception as Motif and Theme," pp. 310-11.

70. 압살롬은 암논을 죽이면서 우리아우리아를 죽였던 다윗을 반영한다(삼하 11:6-21). 아버지가 아들 안에서 숨 쉬고 있다.

71. 다음을 보라. Hoftijzer, "Absalom and Tamar: A Case of Fratriarchy?" pp. 55-61.

72. 다윗이 "그의 아들을 위해" 애도한다는 언급이 방금 살해당한 암논을 가리키는 것이 적절할지도 모르지만, 가까운 선행사(13:37)는 압살롬이다.

73. 이 이야기를 기초로 한 현대 소설도 있다. Dan Jacobson, *The Rape of Tamar* (Middlesex, England: Penguin Books, 1973).

74. 다음을 보라. Whybray, *The Succession Narrative*, pp. 65-66; cf. James L. Crenshaw, *Old Testament Wisdom* (Atlanta: John Knox Press, 1981), pp. 27-36.

75. 지혜를 여성으로 의인화하기 위한 칭호를 선택하는 것은 어려운 문제다. "지혜 여사"(Lady Wisdom)와 "지혜 귀부인"(Dame Wisdom)과 같은 호칭은 잠언에서 이 인물을 특징짓는 엘리트주의를 담고 있다. 어떤 페미니스트적 관점에서 보면, 이 모습은 양면적이다. 비록 이 본문들이 겉으로 보기에 여성을 존중하는 것 같지만, 지혜는 흠 없는 모습으로 이상화되어 남자의 마음을 끄는 데 이용되는 여자다.

76. 다음을 보라. William McKane, *Proverbs* (Philadelphia: Westminster Press, 1970), pp. 284-87 등 여러 곳; Crenshaw, *Old Testament Wisdom*, pp. 96-99.

77. 다음을 보라. McKane, *Proverbs*, p. 334.

78. 나는 이러한 잠언의 구절을 사용하면서, 다음의 책과 같은 방식으로 이 잠언 구절과 우리의 이야기가 어떤 의도로 연결되어 있다고 제안하는 것이 아니다. Whybray, *The Succession Narrative*, pp. 71-75, 78-95. Cf. J. L. Crenshaw, "Method in Determining Wisdom Influence upon 'Historical' Literature," *JBL* 88 (1969): 137-40.

3장 이름 없는 여인: 상상을 초월한 폭력

1. 사사기의 구성에 관해서는 다음을 보라. Robert G. Boling, *Judges*, Anchor Bible (Garden City, N.Y.: Doubleday & Co., 1975), pp. 29-38; idem, "'In Those Days There Was No King in Israel,'" in *A Light unto My Path*, ed. Howard N. Bream, Ralph D. Heim, and Carey A. Moore (Philadelphia: Temple University Press, 1974), pp. 33-48; J. Alberto Soggin, *Judges*, OTL (Philadelphia: Westminster Press, 1981), pp. 4-5.

2. 삿 17:6a; 18:1a; 19:1a; 21:25a.

3. 삿 17:6b; 21:25b.

4. 이번 장에서 장·절만 표기되어 있으면 사사기판관기에서 인용한 것이다.

5. 이 세 막은 첩에 관한 이야기(19:1b-30), 베냐민과 싸우는 이스라엘의 전쟁 이야기(20:1-

48), 베냐민 지파를 위해 아내들을 마련하는 이야기(21:1-24)다. 이 자료를 "…수다스러운 문제 … 임기응변적이고 불분명한 보고 … 장식이 많고 복잡하며 온통 공을 들여 전설적인 주제를 묶어 놓은"이라고 기술하는 Martin Buber의 설명을 참고하라(*Kingship of God* [New York: Harper & Row, 1967], p. 78). 공동체라는 주제에 초점을 맞춰 이 구성 단위를 연구한 것으로는 다음을 보라. Susan Niditch, "The 'Sodomite' Theme in Judges 19-20: Family, Community, and Social Disintegration," *CBQ* 44 (1982): 365-78.

6. 이 본문에 대한 철저한 분석으로는 가장 최근의 연구인 다음을 보라. Hans-Winfried Jüngling, *Richter 19—Ein Plädoyer für das Königtum* (Rome: Biblical Institute Press, 1981).

7. 나는 RSV와는 달리 *n'r*를 19:19에 나오는 *'bd*(servant, 종)와 구별하기 위해 '종' 그리고/또는 '청년'이 아니라 '수행인'(attendant)으로 옮겼다.

8. 다음을 보라. Raymond Abba, "Priests and Levites," *The Interpreter's Dictionary of the Bible* 3 (이후 *IDB*로 표기), ed. George Arthur Buttrick (Nashville: Abingdon Press, 1962), pp. 876-89.

9. 다음을 보라. Otto J. Baab, "Concubine," *IDB* 1, p. 666; Soggin, *Judges*, p. 159.

10. 이 전승에 관한 논의는 주석을 참조하라. 예컨대 George F. Moore, *A Critical and Exegetical Commentary on Judges*, ICC (Edinburgh: T. & T. Clark, 1976), pp. 409-10; C. F. Burney, *The Book of Judges* (New York: KTAV Publishing House, 1970), pp. 459-61; Boling, *Judges*, pp. 273-74; Soggin, *Judges*, p. 284.

11. 나는 계속해서 이 레위인을 다른 무명의 남성들과 구별하고 또한 첩에 대한 그의 권한 (power)을 나타내기 위해 "주인"이라고 부를 것이다.

12. Jüngling은 그녀가 자기 주인을 떠난 것과 하갈이 사래에게서 도망친 것(창 16:6)을 비교한다. 그는 또한 이스라엘 전승에서 첩의 이런 행동이 유일무이함을 관찰하였다. 남자가 아닌 그녀가 헤어짐(separation)을 시작한 것이다. 다음을 보라. *Richter 19*, pp. 87-90.

13. 이 장면을 다르게 분석하여 나눈 것으로는 다음을 보라. Jüngling, *Richter 19*, pp. 90-152. 특히 주인이 방문한 네 번째 날과 다섯 번째 날에 대한 그의 문학적 비교를 주목하라.

14. 케레(Qere)가 *lahăšîbāh*로 읽는 것, 즉 "그녀를 데리고 돌아오다"가 더 나은 읽기라는 점에 관해서는 다음을 보라. *Judges*, pp. 409-10; Burney, *Judges*, p. 461.

15. 이렇게 저지한 사례에 관해서는 다음을 보라. Jacob Licht, *Storytelling in the Bible* (Jerusalem: Magnes Press, 1978), pp. 106-7.

16. Boling은 "그의 장인, 곧 젊은 여인의 아버지"라는 문구가 19:4ₐ와 19:9에 나오면서 이 방문을 둘러싼 수미상응이 형성됨을 관찰하였다. 친절한 환영에 대해서는 "그를 머물게 했다"라는 동사에 관한 Jüngling의 설명을 참고하라(*Richter 19*, pp. 106-8).

17. Soggin, *Judges*, p. 285와는 달리, "밤을 지냈다"(19:4, 6ᵦ, 9ᵦ)라는 문구는 "부부 관계의 재개를 의미하는 완곡어법"이 아니다. 남성의 유대가 핵심이다. 이후에 나오는 19:5-7에 관한 내용을 보라.

18. 마므레에 있는 자신의 장막에서 세 명의 이방인을 대접한 아브라함처럼, 아버지는 "떡을 조금 먹어 자네 속을 든든하게 하고"라는 말로 자신의 관대함을 〔내세우지 않고〕 축소한다(창 18:4-5). 게다가 아브라함처럼 그는 지체시키는 일을 떠나는 여정을 돕는 것으로 그리고 있다.

19. 19:8에서 히브리어 *htmhmhw*를 이렇게 해석한 것에 대해서는 다음을 보라. Boling, *Judges*, pp. 87, 275.

20. *hinnēh*의 다양한 의미에 관해서는 다음을 보라. Thomas O. Lambdin, Introduction to Biblical Hebrew (New York: Charles Scribner's Sons, 1971), pp. 168-71; C. J. Labuschagne, "The Particles הֵן and הִנֵּה," *Syntax and Meaning: Studies in Hebrew Syntax and Biblical Exegesis*, Oudtestamentische Studiën 18, ed. A. S. van der Woude (Leiden: E. J. Brill, 1973), pp. 1-4.

21. 또다시 나오는 "자네 마음을 즐겁게 하게"(19:9)라는 아버지의 표현을 주목하라.

22. 이 삽화에서 세 번의 기간에 걸쳐, 힘이 아버지에게서부터(19:4) 동등하게 연결된 두 남자에게로(19:6) 그리고 주인에게로(19:8-10) 이동한다.

23. Cf. Boling, *Judges*, p. 274: "그것은 남성의 세계다. 남편과 재회하는 일에 소녀[sic]가 관심하는지에 대해서는 아무런 언급도 없고, 남자들이 거의 한 주 동안 경축하는 동안 여자들이 한 일에 대해서도 언급이 없다.

24. 여부스에 관해서는 다음을 보라. Soggin, *Judges*, p. 286; Jüngling, *Richter 19*, pp. 147-48.

25. 대화의 문체 분석에 관한 다음 내용을 보라. Jüngling, *Richter 19*, pp. 162-70. 그가 (W. Richter를 따라서) 입다의 딸 이야기, 특히 사사기 11:34a-40과 비교한 것을 주목하라. 입다 이야기에 관해서는 이 책 4장을 보라.

26. 장소 이름에 관해서는 다음을 보라. Soggin, *Judges*, pp. 286-87.

27. 여기서 **'사가'**(saga)라는 단어는 이야기를 의미한다.

28. 베들레헴이라는 이름이 두 번 나타나는 것까지 세면, '집'(*byt*)이라는 단어는 가운데에 네 번 나타난다(19:18).

29. 주인만 홀로 능동형 동사들의 주어라는 점을 주목하라. 주인과 여행하는 이들은 동사 **'데려가다'**의 목적어로만 명시적으로 포함된다.

30. 이 이야기의 아이러니들에 관해서는 다음을 보라. Stuart D. Currie, "Judges 19-21: Biblical Studies for a Seminar on Sexuality and the Human Community," *Austin Seminary Bulletin* 87 (1971): 14.

31. Cf. 하갈도 비슷한 질문을 받았다(창 16:8). 다음을 보라. Jüngling, *Richter 19*, pp. 185-86.

32. 이 히브리어 본문의 난점에 관해서는 다음을 보라. Moore, *Judges*, pp. 415-16. 19:9에서의 '장막'이 여기서는 '집'이다. 다음을 보라. Boling, *Judges*, p. 276.

33. 내레이션과 직접 화법의 상호작용에 관해서는 다음을 보라. Alter, *The Art of Biblical Narrative* (New York: Basic Books, 1981), pp. 63-87.

34. 단수형 "당신의 종"으로 표기된 원문상 증거가 압도적이더라도, 복수형 '당신의 종들'이 부적절하지는 않다. '당신의 여종'과 '당신의 종'이라는 문구의 정확한 의미는 불분명하지만, 이 문구가 사용된 맥락은 주인이 자기 첩과 자기 자신에 관해서 말하는 중임을 시사한다. 그의 언급들은 모두 일행 전체(주인, 첩, 수행인, 동물들)를 포함하고 있다. Cf. Boling, *Judges*, pp. 275-76.

35. 더 긴 주인의 말(19:18-19)을 둘러싸는 두 번의 노인의 발화(19:17b와 19:20)가 짧다는 점을 주목하라. 이 담화와 장면1(19:3-10)에서 주인의 침묵을 비교하라. 두 경우 모두 주인이 다른 남성보다 우위에 있다. 19:20에 있는 불변화사 *raq*에 관해서는 다음을 보라. B. Jongeling, "La Particle רק," *Syntax and Meaning*, Oudtestamentische Studiën 18, ed. A. S. van der Woude (Leiden: E. J. Brill, 1973), pp. 97-107.

36. 이렇게 내레이션으로 종결된 것(19:21)과 19:18c-19에서 주인의 발화로 종결된 것 사이의 구조적 평행을 주목하라. 각각의 경우, 이러한 종결이 아니었다면 단락의 종결을 나타냈을 법한 반복되는 문구("아무도 나를 자기 집으로 데려가지 않습니다"[19:18b]와 "그가 그를 자기 집에 데려갔다"[19:21a]) 너머로 담론이 이어진다.

37. 이러한 보고는 주인이 여물을 주는 것과 관련하여 19:19에서 제기된 의혹을 증폭시킨다. 다른 한편, 이는 노인의 관대함을 보여 주는 것일 수도 있다.

38. "불량한 자식들"(sons of wickedness)이라는 문구에 관해서는 다음을 보라. Burney, *Judges*, pp. 467-69; Boling, *Judges*, p. 276; Jüngling, *Richter 19*, pp. 199-203.

39. 다음을 보라. Boling, *Judges*, p. 276.

40. 본문은 "그가 밖으로 그들에게 나갔다"(19:23)라고 말하는데, 여기서는 출구, 곧 '**문**'과 '**문간**'을 위험의 상징으로 사용하지 않는다. 노인은 집 안에서나 밖에서나 안전하다.

41. 다말이 암논에게 한 대답을 참조하고(삼하 13:12-13), 이 책 2장 주 34를 보라. 이것을 비롯하여 사무엘하 13장과 사사기 19-21장의 주제적·언어적 연관성에 대해서는 다음을 보라. R. A. Carlson, *David, the Chosen King: A Traditio-Historical Approach to the Second Book of Samuel* (Stockholm: Almqvist & Wiksell, 1964), pp. 165-67. *nēbālāh*에 관해서는 추가로 다음을 보라. Currie, "Judges 19-21," p. 19 또한 다음을 보라. Jüngling, *Richter 19*, pp. 211-17.

42. 남성 대명사들의 명백한 문법적 변칙(anomaly)에 관해서는 다음을 보라. Boling, *Judges*, p. 276.

43. 하갈이 겪는 괴로움의 원인과 관련하여 "당신의 눈에 좋을 대로"(창 16:6)라는 표현이 사용되었은 점을 참조하라. 또한 다말의 이야기에서도 눈과 관련된 수많은 성적인 언급이 있다(예: 삼하 13:2, 5b, 6b, 8). 계속해서 이 책 본문에 나오는 창세기 19:8도 참조하라.

44. 여러 학자가 사사기 19장이 창세기 19장에 의존한다고 주장한다. 예컨대 다음을 보라. Moore, *Judges*, pp. 417-19; Burney, *Judges*, pp. 443-44; Soggin, *Judges*, pp. 282, 288; Robert C. Culley, *Studies in the Structure of Hebrew Narrative* (Philadelphia: Fortress Press, 1976), pp. 56-59. 또한 다음을 보라. D. M. Gunn, "Narrative Patterns and Oral

Tradition in Judges and Samuel," *VT* 24 (1974): 294, 특히 주 1. (나는 A. van den Born의 논문을 열람할 수 없었다.) 그러나 창세기 19장보다 사사기 19장의 우선성을 주장하는 다음의 글도 참조하라. Niditch, "The 'Sodomite' Theme in Judges 19-20," pp. 375-78. 그러나 또 다른 접근 방식은 이러한 이야기들을, 명확한 문학적 의존 없이 고정된 관습과 유연한 전유 사이에서 움직이는 전형적인 장면으로 본다. (cf. Alter, *The Art of Biblical Narrative*, pp. 47-62). 이 이야기들에 관한 최근의 논의로는 다음을 보라. Tom Horner, *Jonathan Loved David: Homosexuality in Biblical Times* (Philadelphia: Westminster Press, 1978), pp. 47-58 그리고 John Boswell, *Christianity, Social Tolerance, and Homosexuality* (Chicago: University of Chicago Press, 1980), pp. 92-98.

45. 롯은 기브아 주민 모두와 달리 이방인을 맞으러 달려가서 자기 집에서 유숙하고 자신의 접대를 즐기라고 조른다. 처음에 나그네들은 길에서 묵겠다고 거절한다. 따라서 그들의 바람은 에브라임에서 온 주인의 바람과 반대였다.

46. 다말의 말에 대한 암논의 반응을 묘사한 내레이션을 참조하라(삼하 13:14a, 16b). 다음을 보라. Jüngling, *Richter 19*, pp. 217-20.

47. 사사기 19:25b를 이렇게 번역한 것에 관해서는 NJV를 보라. Cf. 다말 이야기(삼하 13:11, 14b)에서 동사 '붙잡다'(ḥzq, seize)가 두드러진다.

48. 동사 '고문하듯 괴롭히다'(ʿll, torture)에 관해서는 다음을 참조하라. 삼상 31:4; 렘 38:19; 민 22:29.

49. 이 애매함에 관한 탁월한 논의로는 다음을 보라. Robert Polzin, *Moses and the Deuteronomist* (New York: Seabury Press, 1980), pp. 200-202.

50. '집'이란 단어가 나타난 것은 주인과 장인 사이의 경쟁이라는 주제를 되살린다. 내레이션은 시작부의 "아버지의 집"(19:2)과 종결부의 주인의 "집"(19:29)을 대비시킨다. 그런데 아버지는 주인의 거주지를 두고 "천막"(19:9)이라고 했다. 내레이터와 아버지가 사용한 용어의 불일치는 "천막"이라는 표현이 비꼬는 말이었음을 암시한다(이는 Boling, *Judges*, p. 276과 대조된다).

51. 이 '자르다'라는 동사는 성서의 다른 곳에서 오직 동물에게만 사용되었다. 다말 이야기 (삼하 13:16-17)에서 '내보내다'(šlḥ) 동사의 용례를 참고하라.

52. "사사기의 복잡함, 디자인, 정교함"(Intricacy, Design, and Cunning in the Book of Judges)이라는 제목의 미출간 원고〔옮긴이 주: 2008년에 출간됨〕에서, E. T. A. Davidson은 사사기의 첩 이야기와 다른 내러티브들 사이에서 이해를 돕는 몇 가지 평행을 제시한다. 이 내러티브들은 아버지-딸과 남편-아내라는 주제를 보여 주는 것으로, 갈렙과 악사와 옷니엘오드니엘 이야기(1:11-15), 입다와 그의 딸 이야기(11:29-40), 딤나 사람과 그녀의 아버지 이야기(14:20-15:8)이다. 그녀는 첩 이야기를 책의 끝에 배치함으로써 가정의 평온함(1:11-15)에서 완전한 퇴폐에 이르는 예술적인 진행을 완성한다고 제안한다. 이러한 진행 자체가 군주제 이전의 이스라엘 이야기를 상징한다. 사실상 이 첩은 약탈당하고 따로따로 잘려 나간 이스라엘인 것이다.

53. 사사기 19:29와 사무엘상 11:7을 비교한 다음을 보라. Jüngling, *Richter 19*, pp. 236-40. Cf. Soggin, *Judges*, p. 289. 또한 다음을 보라. Alan D. Crown, "Tidings and Instructions: How News Travelled in the Ancient Near East," *Journal of the Economic and Social History of the Orient* 17 (1974): especially 253-54.

54. 이와 같이 결말은 도입부의 상응하는 부분(19:2)과 대조를 이룬다. 내레이션은 첩의 용도를 보고하지 않고 한발 물러나 온 이스라엘이 직접 화법으로 말하는 자리를 마련한다.

55. 여기서 "이"(this, 19:30)의 의미에 관해서는 다음을 보라. Currie, "Judges 19-21," p. 17. 또한 다음을 보라. Gerhard Wallis, "Eine Parallele zu *Richter 19*:29ff und 1. Sam. ll:5ff. aus dem Briefarchiv von Mari," *ZAW* 64 (1952): 57-61.

56. 다음을 보라. Jüngling, *Richter 19*, pp. 240-44.

57. 그러나 내레이터는 계속해서 모호함을 통해 자신의 주인공을 보호한다. 20:4ₐ에서 "그 레위인 남자, 곧 살해당한 여자의 남편"이라는 묘사가 살인자의 정체를 특정하지 않고 남겨 놓는다는 점을 주목하라. Cf. Licht, *Storytelling in the Bible*, pp. 78-79.

58. 이렇게 성전(聖戰)으로 반응하는 것에 관해서는 다음을 보라. Polzin, *Moses and the Deuteronomist*, pp. 202-4; Niditch, "The 'Sodomite' Theme," pp. 371-75.

59. 비록 이러한 의사 결정 과정이 초기에는 좋게 작용하였을 수 있더라도, 이 맥락에서는 저 표현이 부정적인 의미를 지닌다. 반대되는 해석으로는 다음을 보라. W. J. Dumbrell, "'In Those Days There Was No King In Israel; Every Man Did What Was Right In His Own Eyes.' The Purpose of the Book of Judges Reconsidered," *JSOT* 25 (1983): 23-33.

60. 다음을 보라. Martin Buber, *Kingship of God*, pp. 77-80; Jüngling, *Richter 19*, pp. 244-96.

61. 삼상 9:1-2; 10:26; 11:1-11; 15:34; 22:6; 23:19.

62. 삼하 11:2-27; 13:1-22; 16:20-23.

63. 한나 이야기에 대한 문학적 읽기로는 다음을 보라. Zvi Adar, *The Biblical Narrative* (Jerusalem: Department of Education and Culture of the World Zionist Organisation, 1959), pp. 19-28; Licht, *Storytelling in the Bible*, pp. 90-91, 114-115; Alter, *The Art of Biblical Narrative*, pp. 81-86.

64. 문학적 읽기로는 다음을 보라. Phyllis Trible, *God and the Rhetoric of Sexuality* (Philadelphia: Fortress Press, 1978), pp. 166-99.

65. 이 언급들에 관한 해설로는 다음을 보라. Jüngling, *Richter 19*, pp. 280-84; 또한 다음을 보라. James Luther Mays, *Hosea*, OTL (Philadelphia: Westminster Press, 1969), pp. 131, 143; Hans Walter Wolff, *Hosea*, Hermeneia (Philadelphia: Fortress Press, 1974), pp. 158, 184.

66. 다음을 보라. Dudley Clendinen, "Barroom Rape Shames Town of Proud Heritage," *New York Times*, 17 March 1983, sec. 1, p. A16. 이 기사의 요약문은 다음과 같이

보고한다. "매사추세츠주 뉴베드퍼드의 어느 바에서 21세 여성이 성폭행당한 사건이 북
동부 지역을 충격에 빠뜨렸다. 한 무리의 남자가 이 여성을 두 시간 넘게 그곳에 잡아 두
고 당구대에 올려놓고 괴롭히고 반복적으로 성폭행했다. 이 술집에 있던 다른 남자들은
서서 구경하고, 간간이 그녀를 조롱하거나 환호했다. 아무도 그녀를 돕거나 경찰을 부르
지 않았다"("News Summary," *New York Times*, 17 March 1983, sec. 2, p. B1).

67. 회개란 행동의 철저한(radical) 변화로 나타나는 사고의 철저한 변화다.

4장 입다의 딸: 비인간적 희생 제물

1. 인류학자들은 '지파'(tribe)라는 단어를 조심스럽게 사용해야 한다고 가르친다. 다음을 보
   라. Morton H. Fried, *The Notion of Tribe* (Menlo Park, Calif.: Cummings Publishing
   Co., 1975); J. W. Rogerson, *Anthropology and the Old Testament* (Atlanta: John Knox
   Press, 1979), pp. 86-101. 고대 이스라엘 지파들에 관한 사회학적 연구로는 다음을 보라.
   George E. Mendenhall, *The Tenth Generation* (Baltimore: Johns Hopkins University
   Press, 1973), 특히 pp. 1-31, 174-97; Norman K. Gottwald, *The Tribes of Yahweh*
   (Maryknoll, N.Y.: Orbis Books, 1979), 여러 곳과 특히 pp. 294-98. 사사시대를 표준적
   인 역사적 논의 방식으로 다루는 작품에는 다음과 같은 것이 있다. A. D. H. Mayes, "The
   Period of the Judges and the Rise of the Monarchy," in *Israelite and Judean History*,
   ed. John H. Hayes and J. Maxwell Miller, OTL (Philadelphia: Westminster Press,
   1977), 특히 pp. 285-93, 297-322; A. D. H. Mayes, *Israel in the Period of the Judges* (Na-
   perville, Ill.: Alec R. Allenson, 1974); John Bright, *A History of Israel* (Philadelphia:
   Westminster Press, 1972), pp. 140-75; Manfred Weippert, *The Settlement of the Israel-
   ite Tribes in Palestine* (Naperville, Ill.: Alec R. Allenson, 1971); John L. McKenzie, S.J.,
   The World of the Judges (Englewood Cliffs, N.J.: Prentice-Hall, 1966), 특히 pp. 144-50.
2. 이 장에서 '**사가**'(saga)라는 단어는 이야기를 의미한다.
3. 입다 이야기 덩어리(Jephthah cycle)에 관한 양식비평과 전승사비평 연구로는 다음을
   보라. Wolfgang Richter, "Die Überlieferungen um Jephtah. Ri. 10, 17-12, 6," *Biblica*
   47 (1966): 485-556. 문학적 연구로는 다음을 보라. Robert Polzin, *Moses and the Deu-
   teronomist* (New York: Seabury Press, 1980), pp. 176-81.
4. 이번 장에서 장·절만 표기되어 있으면 사사기판관기에서 인용한 것이다.
5. 입다 이야기 덩어리의 주요 구분은 다음과 같다.
   신학적 서론(10:6-16)
   A. 도입부: 위기들의 병치(10:17-11:3)
      1. 공적 위기: 종족 간 적대심(10:17-18)
      2. 사적 위기: 형제들 간의 적대심(11:1-3)

B. 장면1: 결심과 다툼(11:4-28)

   1. 해결: 이스라엘 안에서의 사적 위기(11:4-11)

   2. 갈등: 암몬과 이스라엘 간 공적 위기(11:12-28)

C. 장면2: 살육과 희생 제물, 그리고 후기(11:29-40)

   1. 해결: 암몬에 대한 이스라엘의 공적인 살육(11:29-33)

   2. 갈등: 입다에 의해 사적인 희생 제물로 바쳐진 딸(11:34-39b)

   3. 추모의 후기(11:39c-40)

D. 결말: 갈등과 죽음의 여파(12:1-7)

   1. 부족 간 갈등: 에브라임 대 길르앗(12:1-6)

     a. 고발의 말(12:1-3)

     b. 죽음의 말(12:4-6)

   2. 입다의 죽음(12:7)

6. 암몬의 역사와 문명에 관해서는 다음을 보라. G. M. Landes, "Ammon, Ammonites," *IDB* 1, pp. 108-14, and S. H. Horn, "Ammon, Ammonites," *IDBS*, p. 20.

7. 사사기의 구성, 특히 신명기계 편집에 관해서는 다음을 보라. Robert G. Boling, *Judges*, Anchor Bible (New York: Doubleday & Co., 1975), 특히 pp. 34-38, 193.

8. 지도자들이 지도를 거부하고 있기 때문에 10:18에 제기된 질문은 질문자에게 가책을 준다. 책임을 떠넘기고 싶은 그들의 욕망이 너무 크기에, 새로운 지도자를 "모든 길르앗 주민을 지배할 우두머리(*rōš*)"로 세우기로 약속하기까지 한다. '**우두머리**'라는 직함에 관해서는 이어지는 내용을 보라.

9. 다음을 보라. Boling, *Judges*, p. 197.

10. 다음을 보라. C. F. Burney, *The Book of Judges* (New York: KTAV Publishing House, 1970), p. 308; Boling, *Judges*, p. 197.

11. 입다를 축출한 것과 이스마엘을 쫓겨낸 것에 대한 비교로는 다음을 보라. Thomas L. Thompson, *The Historicity of the Patriarchal Narratives* (Berlin: Walter de Gruyter, 1974), p. 258.

12. 돕(Tob)은 때때로 암몬족에게 호의(sympathy)를 보인 시리아 마을 근처에 있다. 사무엘상 10:6, 8을 보라.

13. 이와 같이 이 부분(11:1-3)은 시작과 짝을 이루는 강조의 대명사로 끝난다. "**그는** 창녀의 아들이다. … 하찮은 패거리가 **그와** 함께 떼지어 다녔다"〔옮긴이 주: 영어와 히브리어 문장에서는 '그와 함께'(with him)가 문미에 온다〕.

14. 이들의 행동은 동사 '**가다**'(*hlk*)의 주어와 목적어가 바뀌는 삽화의 마지막에 답을 얻는다. "…길르앗의 장로들은 입다를 데려오려고 돕 땅에 갔다"(11:5). "그래서 입다는 길르앗의 장로들과 함께 갔다"(11:11). 이 서로 상응하는 내레이션 사이에 장로들과 이 추방된 자의 직접 담화, 즉 권력 구조를 뒤집는 데 성공한(목적어가 주어가 된다) 협상이 자리하고 있다.

15. **'지도자'**(qāṣîn)라는 말을 사용한 것은 10:18에 나오는 '우두머리'(rōš)와 비교된다. 이러한 단어 변경은 긴장을 가져오는데, 이 긴장은 결국 11:11에 이르기 전까지는 해결되지 않는다.

16. 입다는 과거와 관련된 첫 번째 질문에서(11:7b) 대명사 **'당신들'**('attem)과 **'나'**(ōtî)를 강조하며 말을 시작하는데, 동사 **'미워하다'**(śn')가 들어오면서 당신들과 나는 서로 대립한다. 입다는 현재와 관련된 두 번째 질문에서(11:7c) 자신을 장로들의 행동의 목적어로 묘사하고 대명사 **'당신들'**(lākem)로 문장을 끝맺는다. 따라서 이러한 질문형 발언의 형식과 내용은 사람 사이에 갇혀 있음을 묘사한다. 장로들을 가리키는 **'당신들'**이 입다를 가리키는 **'나'**를 둘러싸고(즉, 통제하려 하고) 있다.

17. 11:8에서 대명사들이 권력을 입다에게로 옮기기 시작했음을 주목하라. 그는 주어가 되고, 장로들은 목적어가 된다. 또한 장로들이 자신들의 제안을 **지도자**(11:6)에서 **우두머리**(cf. 10:18)로 변경한다는 점을 주목하라. 전자는 전투 전에 주어져야 하는 직함인 반면, 후자는 전투 후에 부여되어야 한다(비록 승리 자체를 명시하고 있지는 않지만). 이러한 전환은 **'우두머리'**라는 직함이 영구적인 지파장을 가리키고 **'지도자'**는 임시적인 군사적 지위를 가리킨다는 점을 함의할 수도 있다. 다음을 보라. Boling, *Judges*, p. 198; McKenzie, *The World of the Judges*, pp. 145-46.

18. 11:8, 9에서 동사 '찾아오다'(šûb)와 '돌아가다'(šûb)의 언어유희에 주목하라. 또한 11:9a에서 강조의 대명사 **'당신들'**과 **'나'**를 사용한다는 점을 주시하라. 히브리어 본문에서 이 대명사들은 중간에 동사 없이 나란히 있다(앞의 주 16을 참조하라). 다시 말해, 장로들을 가리키는 **'당신들'**과 입다를 가리키는 **'나'** 사이의 대립이 중단된다. 게다가 이 조건문의 귀결절(11:9c)에서 입다는 장로들보다 우위를 차지한다. **우두머리**인(lĕrōš) **'내'**(ānōkî)가 장로들인 **'당신들'**을(lākem) 둘러싸고 있다(cf. 11:7).

19. 내레이터는 **우두머리**와 **지도자**라는 직함을 함께 입다에게 가져다 놓으면서 앞서 직접 담화에서 전개된 이해를 변경한다. 여기서 직함의 순서는 11:6, 8과 반대로 나타난다. 게다가 둘 다 승리를 거두기 전, 사실 전투도 하기 전에 수여되었고, 그럼으로써 입다가 직접 내건 조건(11:9)을 면제해 주고 있다. 입다의 지위와 관련하여 어떤 긴장이나 애매함도 나타나지 않고 모두 사라졌다. 이렇게 결합된 두 직함은 사생아(illegitimate one)의 권력을 절대적으로 합법화한다(legitimate). 게다가 장로들은 이미 "입다의 말(dbr) 대로"(11:10) 하겠다고 약속했다. 이제 입다는 미스바에서 "모든 말(dbr)"을 야훼 앞에 아룀으로써 그 말에 거룩한 서약의 성격을 부여했다(11:11). 미스바는 이스라엘이 암몬에 맞서 진을 친 장소다(10:17). 미스바에 관한 이 두 번의 언급은 수미상응인데, 이는 공적 위기가 내부적 갈등을 해결함을 암시한다. 미스바에서 처음 제기된 물음(10:17-28)은 입다가 미스바에 도착함으로써 답을 얻는다(11:11). 미스바에 어떤 변화가 생겼는가! 위기에서의 구원자(Retter)이자 전쟁 후 사사(Richter)인 입다에 관해서는 다음을 보라. Hartmut N. Rösel, "Jephthah und das Problem der Richter," *Biblica* 61 (1980): 251-55.

20. 의문형 문장의 날카로움은 앞서 입다가 길르앗 장로들을 적으로 간주했을 때 그들에게

했던 물음들을 반향한다(11:7). 이 부분 전체에 관한 양식비평 연구로는 다음을 보라. Claus Westermann, *Basic Forms of Prophetic Speech* (Philadelphia: Westminster Press, 1967), pp. 111-15.

21. 세부적인 해석에 관해서는 Boling, *Judges*, pp. 200-205와 그 참고문헌 목록을 보라. 우리의 관심사에 비추어 11:23b-26에서 입다의 의문문 사용을 주목하라. 또한 11:27a에서 다음과 같이 두 민족의 대립에 배치된, 동사와 구별된 강조의 대명사 사용을 주시하라. "**내가**(*ānōkî*) **네게**(*lāk*) 죄를 짓지 아니하였거늘 **네가**(*attāh*) **나를**(*bî*) 쳐서 **내게**(*ittî*) 악을 행하고자 하는도다." Cf. 11:7, 9.

22. "입다의 말"이라는 문구는 이전 삽화의 마지막 내레이션(11:11)과 언어유희 작용을 한다. 비록 왕에게 한 말(*dbr*)이 목표한 바를 이루지 못했지만, 야웨 앞에서 한 말(*dbr*)은 헛되이 돌아오지 않을 것이다.

23. 다음을 보라. Boling, *Judges*, p. 207. 또한 각각의 차이를 고려하여 예컨대 삿 3:10; 6:34; 14:6, 19; 삼상 11:6을 참조하라.

24. 서원의 본질에 관해서는 다음을 보라. . Henton Davies, "Vows," *IDB* 4, pp. 792-93; J. Pedersen, *Israel*, III-IV (London: Oxford University Press, 1963), pp. 322-30. Cf. Simon B. Parker, "The Vow in Ugaritic and Israelite Narrative Literature," *Ugarit-Forschungen* 11 (1979): 693-700, 특히 696-97.

25. 예컨대, 삿 11:9-11, 21, 23, 24, 27, 29.

26. 서원을 야웨 신앙과 관계 없는 것으로 만들려는 시도는 헛수고다. 예컨대 John H. Otwell, *And Sarah Laughed* (Philadelphia: Westminster Press, 1977), pp. 70-71. 다음을 보라. Alberto Ravinell Whitney Green, *The Role of Human Sacrifice in the Ancient Near East* (Missoula, Mont.: Scholars Press, 1975), pp. 161-63; A. van Hoonacker, "La voeu de Jephté," *Le Muséon* 11 (Louvain, 1892): 448-69; 12 (1893): 59-80. Cf. 성전(聖戰)의 맥락인 민수기 21:2-3에서 이스라엘은 "야웨께 서원하며 '주께서 만일 이 백성을 내 손에 넘기시면 내가 그들의 성읍을 다 멸하리이다'라고 말한다." 입다의 서원과 비교하여 언어 및 형식의 유사성뿐만 아니라 두 맥락에서 귀결절의 현저한 차이도 주목하라. 이스라엘은 승리 뒤에 적을 멸할 것을 서원했지만, 입다는 자기 집에서 희생 제물을 바치겠다고 서원한다.

27. 동물을 희생 제물로 제시하는 다음을 보라. Boling, *Judges*, pp. 208-9; cf. 창 22:13. 이와 반대되는 다음을 보라. George F. Moore, *A Critical and Exegetical Commentary on Judges*, ICC (New York: Charles Scribner's Sons, 1910), p. 299. Moore는 "인간 희생자를 의도한 것이라는 점은 실제로 저 말이 그렇게 할 수 있듯이 매우 명백하다"라고 썼다. 다음은 이와 유사하다. Burney, *Judges*, pp. 319-20. Pedersen, *Israel*, p. 326; Green, *The Role of Human Sacrifice in the Ancient Near East*, p. 162. 종일 가능성에 관해서는 다음을 보라. John Dominic Crossan, "Judges," in *The Jerome Biblical Commentary*, vol. I, ed. Raymond E. Brown, S.S. et al. (Englewood Cliffs, N.J.: Prentice-Hall, 1968), p. 158.

28. 주어인 입다와 함께 사용된 동사 '건너가다'('br)는 이 문학 구성 단위〔삽화〕의 처음 (11:29, 세 번 나온다)과 끝(11:32-33)을 연결한다.

29. Hans-Winfried Jüngling의 배열을 참조하라. *Richter 19—Ein Plädoyer für das König-tum* (Rome: Biblical Institute Press, 1981), pp. 165-67. 또한 11:5-11의 배열도 참조하고, 이 장의 주 14를 보라. Richter("Die Überlieferungen um Jephtah," pp. 503-17)와 반대로 나는 11:34-36과 11:37-40 사이의 어떤 긴장도 발견하지 못했다. 비록 내가 11:39c-40을 후기로 분류하긴 했지만 말이다. 이어지는 내용을 보라.

30. Cf. 일반적 어순의 히브리어 문장에서는 동사가 주어 앞에 나온다.

31. *hinnēh*의 번역에 관해서는 이 책 3장의 주 20을 보라.

32. 이러한 강조는 정말로 이례적인데, 문자 그대로 읽으면 "오직(*raq*) 그녀(*hi'*), 오직 하나(*yēḥîdāh*)"(only she, an only one)다. 그리스어 성서(삿 11:34)는 이 형용사를 *monogenés*(오직)와 *agapeté*(사랑하는 자, beloved)로 옮긴다. 이 두 형용사가 각각 예수님께 사용된 요한복음 3:16(*monogenés*)과 마가복음 1:11; 9:7(*agapetós*)에서 그 용례를 참조하라.

33. 창세기 14장에 제기되는 역사적 문제들은 이 문학적 분석과 무관하다.

34. 나는 이삭의 희생을 입다의 딸 이야기에 대한 맞상대(foil)로 사용하는 것이기에, 여기서 나 자신의 창세기 22장 연구를 제시하지 않을 것이다. 고전적 해석에 관해서는 다음을 보라. Erich Auerbach, "Odysseus' Scar," *Mimesis* (New York: Doubleday & Co., 1957), pp. 1-20; 또한 다음을 보라. George W. Coats, "Abraham's Sacrifice of Faith: A Form-Critical Study of Genesis 22," *Int* 27 (1973): 389-400; James Crenshaw, "Journey into Oblivion: A Structural Analysis of Gen. 22:1-19," *Soundings* 58 (1975): 243-56; Jacob Licht, *Storytelling in the Bible* (Jerusalem: Magnes Press, 1978), pp. 115-20; James Crenshaw, *A Whirlpool of Torment: Israelite Traditions of God as an Oppressive Presence* (Philadelphia: Fortress Press, 1984), pp. 9-29. 이 두 이야기의 비교는 고대 시대에 유래한 것이다. 예컨대 다음을 보라. Robert J. Daly, "The Soteriological Significance of the Sacrifice of Isaac," *CBQ* 39 (1977): 60-62; P. R. Davies and B. D. Chilton, "The Aqedah: A Revised Tradition History," *CBQ* 40 (1978): 521, 526-27. 또한 다음을 보라. S. Kierkegaard, *Fear and Trembling* (Princeton, N.J.: Princeton University Press, 1952), pp. 85-87. 『공포와 전율』. 구조주의적 비교로는 다음을 보라. Edmund Leach, "The Legitimacy of Solomon: Some Structural Aspects of Old Testament History," in *Introduction to Structuralism*, ed. Michael Lane (New York: Basic Books, 1970), pp. 256-58. 게임 이론(game theory)에 기초한 비교로는 다음을 보라. Steven J. Brams, *Biblical Games: A Strategic Analysis of Stories in the Old Testament* (Cambridge, Mass.: MIT Press, 1980), pp. 36-53.

35. 예컨대 창 37:29, 34; 44:13; 삼하 13:19, 31; 왕하 2:12; 욥 1:20; 사 36:22, 렘 41:5를 참조하라.

36. *'āḥâ*를 이렇게 번역한 것에 관해서는 다음을 보라. Boling, *Judges*, p. 208.

37. 재앙('kr)에 관해서는 삼상 14:29를 참조하라. 이 또한 야웨께 맹세하는 맥락이다. 이 장의 주 41과 43을 보라.

38. 입다가 여기서 부정사 절대형을 사용한 것과 서원에서(11:30) 이 문법 구조를 비슷하게 사용한 것을 비교하라.

39. 딸을 가리키는 이 '너'는 이어지는 절에서 입다를 가리키는 '나'(ʾānōkî)와 병치된다. "너는 내 재앙이 되었다. 내가 내 입을 야웨께 열었으니…." 11:7, 9의 입다의 말에서 강조와 대조를 위해 대명사들이 비슷하게 사용된 것을 참조하라.

40. 다음을 보라. Boling, *Judges*, pp. 206, 208-9.

41. 물론 압살롬의 죽음과 입다 딸의 죽음은 서로 정황이 다르다. 나는 이미 현실에 일어난 것이든 앞으로 일어날 잠재적인 것이든 자녀의 죽음에 대한 아버지들의 다양한 반응에만 주목하고 있다. 또 다른 예로는 사울이 요나단에게 죽음을 선고한 것이 있다. 요나단은 아버지의 맹세(šĕbûʿāh; cf. neder, 서원)를 모르고 꿀을 먹음으로써 그 맹세를 깼다(삼상 14:24-46). 이 사례에서 아버지 사울은 입다처럼 선고한 것을 충실히 이행하려 했다. 하지만 백성들이 선처를 호소하여 요나단을 구했다. 다음을 보라. Keith W. Whitelam, *The Just King*, JSOT Supp. 12 (Sheffield: JSOT Press, 1979), pp. 73-83.

42. 번제물(ʿōlāh)이라는 불길한 단어가 단 한 번 나온다는 점을 주시하라. 이 단어는 "밖으로 나오는" 자의 정체를 알기 전에 말했던 입다의 서원에서만 나온다(11:31). 딸이 희생자로 특정된 후에는 희생 제물이―입다와 그의 딸과 내레이터의 언어에서―항상 우회적으로 언급된다. 정말로 저 행위는 입에 담을 수도 없는 것이다.

43. 사울에 대한 요나단의 비슷한 반응(삼상 14:43)을 참조하라. 아들 요나단은 입다의 딸처럼 자신이 아버지의 맹세를 피할 수 없음을 알았다. 처음에는 아버지의 맹세를 경멸하긴 했지만(삼상 14:29-30) 말이다. 하지만 요나단은 입다의 딸과는 달리 **잘못이 있는** 희생자고 또한 자기 목숨을 건지게 되었다.

44. '**돌아다니다**'(wander)를 읽는 방식에 관해서는 다음을 보라. Burney, *Judges*, p. 323; Boling, *Judges*, p. 209.

45. 다음을 보라. Lloyd R. Bailey, Sr., *Biblical Perspectives on Death* (Philadelphia: Fortress Press, 1979), pp. 47-51.

46. 하지만 다음을 참조하라. Kurt Weitzmann, "The Jephthah Panel in the Bema of the Church of St. Catherine's Monastery on Mount Sinai," *Studies in the Arts at Sinai* (Princeton, N.J.: Princeton University Press, 1982), pp. 341-52. 이 입다 그림판(panel)은 아브라함 그림과 좌우에 나란히 걸려 있다. 아들과 딸이라는 희생 제물은 그리스도의 성체 희생의 예표(prefiguration)다.

47. 10:17과 11:11에서 미스바에 대한 언급으로 암시되는 유사한 패턴을 참조하라. 앞의 주 19를 보라.

48. 크레타 왕 이도메네우스(Idomeneus)의 전설과 비교하라. 그는 넵튠에게, 익사의 위험에서 구조되면 자신이 해안에서 처음 만난 사람을 희생 제물로 바치겠다고 서원한다. 그

처음 만난 사람이 바로 자기 아들 이다만테스다. 모차르트의 오페라《이도메네오》(*Idomeneo*)를 보라. 희생 제사를 수행하기 전에 넵튠이 구하러 온다. 또 다른 유사한 그리스 작품으로는 다음을 참조하라. Aeschylus I, *oresteia*, The Complete Greek Tragedies, ed. David Grene and Richard Lattimore (Chicago: University of Chicago Press, 1957); Euripides IV, *Iphigenia in Aulis*, The Complete Greek Tragedies, ed. David Grene and Richard Lattimore (Chicago: University of Chicago Press, 1958), pp. 210-300. Cf. Yannis Sakellarakis and Efi Sapouna-Sakellarakis, "Drama of Death in a Minoan Temple," *National Geographic* 159 (1981): 205-22.

49. Cf. 시 22:1; 마 27:46; 막 15:34.

50. 다음을 보라. E. Kautzsch, *Gesenius' Hebrew Grammar* (Oxford: At the Clarendon Press, 1952), § 122q.

51. 다음을 보라. F. E. König, *Historisch-comparative Syntax der Herbräischen Sprache: Schulusstheil des Historisch-knitschen Lehregebäudes des Hebräischen* (1897), § 323h; 반대 의견으로는 다음을 보라. Burney, *Judges*, pp. 324-25.

52. KJV, RSV, JB, NAB, NJV가 **관습**(Custom)이라는 번역을 사용하고 또한 Boling, *Judges*, p. 207도 그렇다. 반면 NEB는 **전통**(tradition)〔옮긴이 주: tradition은 전통, 전승, 전설 등을 의미하는데, 본문에서는 "그녀는 …이 되었다"와 어울리도록 '전설'(傳說)로 옮겼다〕으로 읽는다. 영어에서는 두 단어의 의미가 겹친다. *ḥōq*의 비슷한 용례에 관해서는 (비록 문법 구조가 다르긴 하지만) 역대하 35:25를 보라. "오늘날까지"(cf. "해마다", 삿 11:40) 남자들과 **여자들**이 죽은 요시야요시아 왕을 위해 애가를 부르는 것을 보고하는 구절이다. 이렇게 왕을 위한 애가를 부르는 것이 이스라엘에 전통(*ḥōq*, tradition)이 되었다. Cf. Jacob M. Myers, *II Chronicles*, Anchor Bible (New York: Doubleday & Co., 1965), pp. 214-16.

53. 여기서 히브리어 부정사 '애도하다'의 문제에 관해서는 주석들을, 특히 Moore, *Judges*, pp. 303-4를 보라. 사사기 11:40을 기초로 하여 몇몇 학자는 이야기 전체가 병인학적 (aetiological)이라고 주장한다. 그들은 종종 세계 문학에서 유사한 부분들을 인용한다. 예컨대 다음을 보라. Martin Noth, *Aufsätze zur biblischen Landes und Alterumskunde*, I (Neukirchen-Vluyn: Neukirchener Verlag, 1971), pp. 360-65; Theodor H. Gaster, *Myth, Legend, and Custom in the Old Testament* (New York: Harper & Row, 1969), pp. 430-32; Flemming Friis Hvidberg, *Weeping and Laughter in the Old Testament* (Leiden: E. J. Brill, 1962), pp. 103-5; cf. Burney, *Judges*, pp. 332-34; Moore, *Judges*, p. 305. 이러한 접근은 비록 조명해 주는 바가 있긴 하지만, 야웨 신앙적 배경을 비롯한 이 이야기의 특수성을 무시하는 경향이 있다. 다음을 보라. Boling, *Judges*, pp. 209-10; Green, *The Role of Human Sacrifice in the Ancient Near East*, p. 162.

54. 입다의 딸과는 다른 상황이긴 하지만(삼하 13:1-20) 자식이 없이 죽은 이스라엘의 또 다른 딸인 다말을 위해 만든 살아 있는 기념비(living memorial)를 참조하라. 그녀의 오빠

압살롬은 자기 딸을 다말이라고 이름하였다(삼하 14:27). 이 책 2장을 보라. 또한 다음을 보라. Stanley Brice Frost, "The Memorial of the Childless Man," *Int* 26 (1972): 437-50.

55. 이 입다 내러티브의 결론은 직접 화법이 내레이션을 둘러싸는 다른 부분들과 유사한 구조로 되어 있다. 의문형 문장들을 사용한다는 점도 주목하라.

56. 입다가 에브라임 사람들에게 한 말(12:2-3)은 그의 서원의 언어와 그 뒤에 이어지는 내레이터의 요약의 언어를 어느 정도 총괄하여 되풀이하고 있지만, 희생 제물을 언급하는 데까지 가지 않는다는 점을 주목하라(cf. 11:30-32).

57. Cf. 삿 10:2, 5; 12:10, 12, 15.

58. 이 명사를 '**자손**'(sons, 아들들)으로 번역하든 '**후손**'(children)으로 번역하든, 입다와 관련해서는 아이러니임을 주목하라.

59. 이 외경의 빈약한 암시와는 대조적으로, 위경인 『성서 고대사』(*The Book of Biblical Antiquities*[위-필론, 39-40장])는 입다와 그의 딸 이야기를 다시 들려준다. 그 관점은 정경 문헌의 관점과 현저히 다르다. 하나님은 입다의 사악한 서원으로 인해 입다를 엄하게 비난하고, 세일라(Seila)라는 이름이 주어진 그의 딸은 자신이 희생 제물로 죽은 것이 헛되지 않도록 자진해서 죽는다. 그리고 하나님은 그녀가 그녀의 아버지나 "백성들의 현자들"보다 더 지혜롭다고 판결한다. 다음을 보라. Daniel J. Harrington, Jacques Cazeaux, Charles Perrot, and Pierre-Maurice Bogaert, *Pseudo-Philon: Les Antiquities Bibliques, Sources Chrétiennes* 229-30 (Paris: LeCerf, 1976), vol. I, pp. 273-85; vol. II, pp. 186-93. 유대 전설에 따르면, 입다는 죽어서 몸이 토막 나는 형벌을 받았다고 한다. 다음을 보라. Louis Ginzberg, *The Legends of the Jews*, IV (Philadelphia: Jewish Publication Society of America, 1968), pp. 43-47. 12세기에는 입다의 딸이 희생 제물로 죽은 것이 아니라 독방에 감금당했다는 견해가 제기되었다. 다음을 보라. Moore, *Judges*, p. 304. 그러나 고립은 살아 있는 죽음이다. 이 책 2장에서 다말이 처한 비참한 상태를 참고하라. 고립이든 희생 제물이든 이 여성은 폭력의 무죄한 희생자다.

60. 수 세기에 걸쳐 문학, 미술, 음악으로 나온 독자들의 반응을 참조하라. 다음을 보라. Wilbur Owen Sypherd, *Jephthah and his Daughter* (Newark: University of Delaware, 1948) 또한 다음을 보라. *Encyclopaedia Judaica* 9 (Jerusalem: Keter Publishing House, 1978), cols. 1343-45. 정신 분석적 해석으로는 다음을 보라. Robert Seidenberg, "Sacrificing the First You See," *The Psychoanalytic Review* 53 (1966): 49-62.

입다의 딸

이름 없는 여인

다말

하갈

이 여인들을 기억하며

찾아보기

저자 및 편집자

히브리어

<h1 style="text-align:center">성서</h1>

주제

http://100book.co.kr/notice

〈찾아보기〉는 도서출판 100 홈페이지에서 PDF로도 제공합니다.